成功亞斯教育家
教你如何打造孩子的生存力

穿上盔甲的貓

諾瓦小學暨幼兒園
創辦人兼董事長
蘇偉馨 著

〈推薦專文〉

遇見脫下盔甲的亞斯

國立台中教育大學幼教系教授兼系主任　邱淑惠

第一次與本書作者交談是透過電話，沉著的聲音自稱是諾瓦小學暨幼兒園的校長媽咪，很有禮貌的跟我解釋她為什麼要號召幼教界齊聚凱道。當時我正和一小群幼教界的專業人在辛苦的抗爭，不滿政府為了少數人的利益，想修法讓幼兒園不需聘用有證照的幼教老師。我沒想到竟然會有一位私立幼兒園的創辦人願意仗義直言，集結眾人的力量要政府慎思。這位校長媽咪的俠義風範令人刮目相看。在持續抗議修法的過程中，我與這位大家口中暱稱的大俠建立了革命情誼，才有機會了解這位大俠的亞斯伯格特質。

因為柯文哲的爆紅，大家對亞斯伯格特質的第一印象就是直言到近乎白目。我們的大俠也是。她也是用這種直率的亞斯作風，領導著她的學校，堅持說實話，做對的事，讓諾瓦的教育模式成為台灣的一股清流。她的風範值得我們重新思考一個成功者所需具備的特質。過去我們以為要成功必須能察言觀色，在適當的場合說適當的話，這樣的思維，重新審視，是不是太過於注重做人，而非做事？我們的大俠，在幼教亂世中直言，如童話國王新衣中的小男孩，擁有相當多的粉絲。這是不是反映社會已經在變，我們渴望有敢說實話的人，領導我們做對的事。

除了直言外，維基百科中記載亞斯伯格症最大的困難是無法準確地理解他人的情緒或是弦外之音。但有不少學者和我一樣，不認為亞斯伯格特質是一種「症狀」或「疾病」，而是擁有另一種認知方式的人種。誠如Simon Baron-Cohen 所言，亞斯伯格特質所具有的各種能力，在歷史上經常帶來卓越的貢獻。米開朗基羅、牛頓、愛因斯坦、比爾蓋茲都被懷疑具有亞斯伯格基因。亞斯伯格的特質雖然不利於社交，但其他的許多特質卻可能引領他們踏上成功之途。

但在台灣僵化的教育環境中，擁有亞斯伯格特質的學童，很容易被誤解，被貼上問題學生的標籤，從此一蹶不振。亞斯學童在台灣教育體制下如何掙扎，大俠在《不會游泳的魚》一書中已經略有著墨。我們接下來好奇的是，不會游泳的魚如何蛻變成今日的大俠。穿上盔甲的亞斯又如何善用自己的特質，創辦出獨特的諾瓦，讓許多家庭能認識教育的本質，還給幼兒單純、真實的生活。

可能是因著亞斯的慈悲特質，穿上盔甲的大俠在二〇一五年開始採用亞斯・摩西的稱號，定義她的本質以及她從今而後的使命。在帶領幼教界走出新契機的同時，她願意暫時卸下盔甲，剖析自己，將自己的特質分為本質、態度、能力三方面，用生活中的實例娓娓道出。閱讀此書，可以看到亞斯的認知思考方式如何與我們相異，卻又與許多成功者相似。

在我與亞斯的互動中，我發現教科書對亞斯的描述並不確實。她並不像一般人想像的不擅長人際互動，雖然她會直接說你穿的衣服像浴室中的磁磚，讓人尷尬，但也是這種說實話的特質，讓她能直指問題的核心，戳破國王新衣的假象。她一次只能思考一個重點，所以會把「回收資源玩創意」拆開單點思考「回收。資源。玩。創意。」其實這種單點思考後的連結，反而能讓事情更清楚。她做事不太容易轉彎，這種態度讓她展現異於常人的堅持，是我們一般人所欠缺的。

或許我們應該重新思考，一般人所稱的「缺陷」，是不是只因它不符眾人期待。但不講場面話，單點思考，不轉彎妥協等特質，真的是一種缺陷嗎？或者只是不同？善用這些特質，是不是更容易引導一個人邁向成功。閱讀此書你會發現，亞斯伯格「症」，這些在我們一般人眼中視為「缺陷」的特質，卻也是成就亞斯的特質。而本書珍貴之處，在於以亞斯的觀點看有助於適應社會的生存力。這種觀點有助於我們破除偏見，重新審視不同特質的優勢。我相信這些特質，也是我們這些沒有亞斯伯格基因的人，需要練習擁有的生存力。

透過閱讀亞斯大俠的文章以及與她的互動對談，我發覺自己也漸漸改變。最明顯的是在溝通時，對訊息的判斷更為精準，對模糊的回答會確實追問，例如「我想要……」到底是「想」或「要」已經不能混為一談。其他潛移默化的改變，是對「真」的追求，希望孩子的學習更真實，更貼近生活，讓我再也無法容忍虛應故事、走馬看花的學習方式。我可以確定的是，我會以這種新的態度面對未來的每一個課題。

〈推薦專文〉

相反國裡的朋友

諾瓦小學暨幼兒園執行長　曾雅盈

亞斯朋友每天總有一千個問題，
為什麼？為什麼？為什麼？
平凡朋友心裡總是想，
事情就是這樣的。

亞斯朋友總是看著事情的點，
從這個點再到另一個點，
平凡朋友看到一條線，

失控的線纏成理不清的球。

亞斯朋友總是忍不住說出真相，
她說答案就在真實裡，
平凡朋友担心她說出真相，
她說真話讓人看到不完美。

時間過去了，
亞斯朋友的堅持改變了慣例，
平凡朋友學會加上問號的思考，
亞斯朋友用精準堅持完美，
實現平凡朋友的浪漫想像。

不同國度的人用接受、信任、支持相互包容，

不同國度的人一起創造了真實自然的理想學校，

在這裡，欣賞國度裡不同的美好，

在這裡，發現生命裡蘊藏的無限能量。

偉馨是個特別的人，想法特別、反應特別、勇氣特別、固執的特別、也可愛的特別，多年來不知如何為這個特別下個註解，今年初，偉馨為自己取了AS. MOXI亞斯．摩西這個新稱號，稱亞斯是為自己一直的與眾不同找到答案，取摩西是二十年來帶著創校伙伴們在教育的領域裡披荊斬棘，這過程，像極了《舊約》裡摩西出埃及的故事。自古以來的開創者在當時都是思維方式迥異的族群，看見被隱藏的真相後，用義無反顧的勇氣改變世界的人，我這位特別的亞斯朋友——偉馨就像個帶領大家走向改變之路的現代摩西。

偉馨和我是二個思考邏輯完全不同的人，我是一般人的快思，她是仔細推敲的慢想，她的腦子裡總不停的在思考，眼睛總在觀察，天地萬象變化月暈為何而風？礎潤為何而雨？蜘蛛結網到底先用那隻腳？永動機是怎麼永遠會動？怎樣自製風力發電然後將電力儲存下來？七情六慾是哪七情哪六慾？多年來，亞斯朋友每天的一千個問題，讓我這個習慣以火箭速度處理事情的平凡人，不得不緩下腳步去想想，練習在總是認為的結論上加一個問號，強迫自己對習以為常的事反向思考仔細研究，才能跟上亞斯朋友的求知腳步。

偉馨這樣的研究特質，讓周圍的人都產生了質與量的變化，在她的鞭策下大家不自覺的加速累積新的能力，經歷的事夠廣泛，研究的事物夠深入，知識自然會轉換成能量，對孩子的教育也是如此，學校裡的小孩時常看著老師們研究新的興趣，搜集鐵鋁罐改造成隨手野炊酒精爐、組合回收零件拼成太陽能煮食器、研究魚和菜如何共生各取所需，一次全校醉心研究多肉植物，這股迷戀不知不覺也感染了二歲孩子。

那天，我們買了各式小盆栽當做兒童節的禮物，看小小孩開心的捧著自己選的小苗，陽光灑在滿足的小臉上，真美！原來，喜歡研究對所有事物好奇的種子，是可以埋在任何年紀的心裡，然後在生命事件中慢慢發芽、開花、結果。原來，只要稍具些好奇和研究的精神，生活就會變得不一樣，大家因為偉馨的帶動開始享受動手創作帶來的成就感，體悟藏於生活中的智慧。

亞斯朋友對精準的要求常是平凡人的震撼教育，偉馨從不說客套話，對答要求精準，對話中發現回答不精準，會要求回答對點為止，久而久之，周圍的人也習得回答前先思考過再反應，談話間少了模糊的地帶，那天，閒談中我說「大家認為這是一件『應該』發生的事」，偉馨立刻糾正說「不能用『應該』，而是『總是』發生」，事件用了不精準的詞語，連結出的意思就會天差地別，用詞精準是我在亞斯朋友身上學到的，精準代表思考的縝密，思路清晰後所下的判斷才會正確無誤，若這些年我偶遇困境時可以迎刃而解，都得歸功每天一千個問題的考驗。

偉馨直接表達，直指問題核心的行事風格，除了影響了學校的工作夥伴外，也擴及到所住社區、任教的大學、甚至住宿過的旅店，大家都因為有了一個直言不諱的老師而有了進步的驅動力。我想，如果我們都能變成說話精準，勇於說出真相改進舊有積習的人，應該可以為社會創造更多些幸福感，每當我還沒有鼓起指正別人的勇氣時，就會想起亞斯朋友對精準的堅持，頓時就會勇氣倍增呢！

不同特質的人相互包容、欣賞及接受，這麼多年下來，當我和偉馨看法不同時，我已學會靜靜的觀察亞斯特質的好友又有什麼新點子，沒有例外，永遠都會讓人耳目一新、驚喜連連！

本書字字珠璣，書中許多耐人尋味充滿思考及智慧的小故事，都是偉馨生活中的體悟，細細體會後你會發現，原來，改變很容易，幸福很容易，擁有智慧自在的人生很容易。

〈推薦專文〉

脱下盔甲，看見陽光

作者大姊　蘇偉蓉

偉馨幾歲，我就認識她幾年。在這漫長的歲月中，我默默的看著她的蛻變，直至今日卸下盔甲，除去外在一切不需要的矯飾，回歸到我初識的那個單純的小胖胖，也回到生命的原點，這條路，她堅持、堅定、勇往直前，在此書問世之前，有幸提筆為序，點點往事如潮水般湧至，時光回到那年的夏天。

偉馨從小皮膚白皙，肉肉的，乖巧可愛，不說話也不唱歌，常常獨自把玩一個玩具，久久沒有聲響，能吃能睡，特別乖巧，大人常說這樣的孩子多生幾個也無妨。那時候我常牽著她肥嘟嘟的小手，去雜貨店買大人交待的日常用品，路途中她常常會撿到錢，當時覺得她有偏財運，運氣好，後來才發現是她與生俱來的觀察能力，經常成就一些別人辦不到的事情。

偉馨年歲稍長，喜歡探索好奇的個性，日趨明顯，不是爬上五六層樓高的水塔，向遠處眺望，就是在深及胸部、黑黑泥沼的大水溝中玩耍。大人不解乖乖的小胖胖怎麼變了？殊不知她的本性即是如此，往後的幾十年，有更多令人不解的驚訝，在她的生命中出現，精彩的人生正要開始。

偉馨有兩個姐妹移民加拿大，在凡事都得DIY的國外，兩個嬌滴滴的女生一致認為偉馨才是適合移民的人，因為舉凡修電燈、修馬桶、木工、油漆等等，沒有一件事難得倒她，很少下廚的她，竟有過人的烹飪天份，隨手揮揮，色香味俱全的料理上桌，讓大夥大塊朵頤，吮指回味。

偉馨原是幼稚園教師，經常為了小孩伙食、點心、品質不佳、量不夠與老闆爭執。直到自己創辦了諾瓦，餐點成了她辦學最重視的項目之一。學校請了最優秀的廚師，每天準備營養可口的小孩伙食，順便老師也開心的在學校搭伙，像一個和樂融融的大家庭，同桌吃飯，談天說地，溫暖的向心力由此開始。

偉馨在教育界浮浮沉沉，直至遇見事業的夥伴——雅盈，創辦了諾瓦，生命的所有累積能量，得以盡情釋放發揮，辦學風格的獨樹一幟，與眾不同，為台灣幼兒教育界立下了許多新的典範。諾瓦從初期的創業維艱，到今天的樹立典範，其間許多考驗，非一般常人所能承受與應變，偉馨從風雨中走來，終於看到耀眼的陽光。

偉馨的第一本書《不會游泳的魚》出版未及一年，頗受好評，本書又將與讀者見面，書中的精闢見解與獨到觀察，都是她生命歷練的足跡，每一篇都讓我愛不釋手，無論你在人生的什麼位置，相信都能找到深得我心的瞭解。

〈自序〉

從「沉默的搖晃」到走出屬於自己的路

人生過了半百，才確認了自己「亞斯伯格症」的特質非常典型。堅持、專注、注意細節、無法接受突然改變的固定模式、無法理解其他人的弦外之音、不能理解笑話、說話直接……許多「亞斯」特質讓我在成長的過程中跌跌撞撞，卻也造就了現在的我。

我從年輕時就不斷地思考著，生命的意義為何？努力是因為必須存在嗎？存在的目的是什麼？成功是因為符合期待嗎？成功的定義又是什麼？在邁向人生的未知時，許多的困惑、許多的無解，在人生的轉彎處，變成了一次又一次的挑戰和運氣。

我從不喝番茄蛋花湯，因為番茄是媽媽口中的水果，水果和吃飯是不同類別的。我曾經用三天的時間，計算同一個解不開的數學題目。我可以整天蹲在地上，觀察螞蟻如何搬家，而忘卻了自己應該去上學。我常常在自己的世界裡，看著周邊的人說笑時的嘴型和動作，那像是一場無聲的電影，在腦海裡呈現的只有他們的動作。

「亞斯」的特質，在年輕時，深深地困擾著我，因為，我和大家格格不入。我以為自己是「國王新衣」裡的小男孩，總是直率地說出大家不敢說的真相。這樣的直率，在踏進社會後，更顯得突兀和令人訝異。每當被責難後，沮喪的情緒讓自己感覺到強烈的痛苦，在收集了許多沮喪的痛苦後，自己開始練習忍住疑惑、忍住發現的真相、學習沉默是金的道理。漸漸地，我在與他人團聚聊天時，也總是沉默地聽著，即便是不能理解或是感到憤怒、開心、難受……，也不輕易開口。

當發現自己和大家不一樣的時候，有一種孤單的感覺。在不被理解或是被要求一樣時，我總會前後搖晃著。搖晃，讓自己能回到平靜的思考狀態，專注的分析著眼前情景，也能控制住所有強烈的感受。「沉默的搖晃」是我踏進社會後，第一個自我控制的模式。啟動這模式後，可以減少後續會發生的可怕場面或隔絕更多如千軍萬馬的刺傷利箭。我終於學會了保護自己的第一步。

自己未加修飾的言辭和直指核心，在進入職場後更加衝突。往往在對方的短暫緘默後，就失去了工作。在三十五歲以前，我幾乎一年換一個工作，在生存環境不斷的變動之下，我細心觀察、縝密思考的特質，也讓自己奠下了現在的基礎。雖然，在年輕的當時，這樣的變動是令我惴慄不安、痛苦焦慮的。

我曾經寫下一個小故事。有一隻大野狼出沒在草原，小兔子驚恐萬分，於是小兔子奮力一搏，消滅了大野狼。這故事說明了我的生存法則裡，總是奮不顧身的去消滅令我不安和焦慮的來源。一隻兔子選擇的不是逃走、不是遷移，而是冒生命危險的採取行動，這足以說明了「亞斯」的感受強度，遠遠超過了一般人。就像母親常常跟我說：「哎呀！你怎麼學不會轉個彎呢？前面的一道牆，你總要撞倒了才願意繼續，轉個彎不是容易得多嗎？」「亞斯」的特質，確實讓我無法懂得轉彎的道理，我總要確認令我焦慮或無法掌控的情況不會再發生，而且是「確定永遠不會發生」。

特質，每個人都生而不同。如何明白？如何定義？如何善用？當我因為強烈的焦慮和不安而奮力一搏後，那屬於運氣的成功便成了大家口中的「勇氣和堅強」。縝密的思考、邏輯的運作模式，讓自己能精準的判斷。所以，在許多事情中，增加了能掌控的條件，減少了期待「幸運」的成分。為了消滅強烈的焦慮不安，也讓自己被迫學會當機立斷、立刻採取必要的行動。擁有這樣的天生特質，加上經驗不斷的累積，終於，我走出一條屬於自己的人生路。

在時間的河流上不斷地前進，生命究竟該用什麼方式完成？在養成必須擁有的生存能力前，應該先瞭解自己的特質，是要非常清楚的、確定的瞭解，才能發揮、善用這些特質。人生過了半百，「機運」對我來說，是一個天衣無縫的接軌。原來，在我們生命的過程中，機會總是不斷地出現、不斷地讓我們有機會重新來過。專注努力的特質，讓我在累積的歲月裡，終於學會社會的生存法則。「特質」和「社會的生存法則」站在機運的地圖上，成就了《穿上盔甲的貓》這本書。

生命的旅行，目的地是回到最初的原點，成就一生的是一個圓。我將自己的過去分成三個十八歲。在第一個十八歲時，我找到了人生第一份工作。三十六歲，我開始有了自己的教育事業。如今我站在四分之三的時間河流上，第三個十八歲即將居滿，接下來，我將以台灣的教育為志業而努力。父親說「取之於社會，用之於社會。」感謝這一切，讓我有能力還之於社會。

生命的力量，來自於阻礙。

目錄

二、能力

三、態度

〈前言〉穿上盔甲的貓

國王真的沒有穿衣服
國王真的沒有穿衣服
媽媽說這會惹來禍端
爸爸說這孩子該怎麼辦

國王真的沒有穿衣服
國王真的沒有穿衣服
老師說這孩子教不會

同學說他真的很笨

為什麼大家看不見
國王真的沒有穿衣服
為什麼大家離開我
不再讓我參與遊戲

我把自己關在泡泡裡
安靜的看著外面的世界
外面的世界好熱鬧
泡泡裡面只有我

爸爸給我一件盔甲
他說穿上盔甲就會和別人一樣

再也看不見國王沒穿衣服
我穿上重重的盔甲混入人群中
人們羨慕著我如勇士般強壯

我不再提起國王的事情
因為我終於有了朋友
因為我的爸爸不再擔心
於是，我日夜都穿著盔甲
雖然，重重的盔甲
壓得我喘不過氣
但我害怕失去
失去得來不易的讚美

站在鏡子前面

看見穿著盔甲的自己
我竟然忘記自己原來的樣子
我開始想念我自己

我脫下盔甲走入人群中
許多愛我的人流下眼淚
他們搖著頭說不能接受
我說這才是真實的我
我住在泡泡裡

他們撿起我脫下的盔甲
才發現那是承受不了的重
他們說不用再穿上盔甲
因為真實的你才是最美好的

脫下盔甲的我鼓起勇氣說著
國王真的沒有穿衣服
國王真的沒有穿衣服
深愛我的人說
國王真的沒有穿衣服
是許多人沒有勇氣說出真相

我不再穿上盔甲
不再試圖變成跟別人一樣
我喜歡真實的自己
也懷念穿上盔甲的日子
因為盔甲
讓我終於。找到自己。

一、本質

本質是在人們來到這世界前，上天賦予我們的生存工具。

兩億個為什麼

我總愛問「為什麼」。舉凡天地間所有我不知道的事情，我都好奇著。

在好奇心的驅使下，我每天都忙碌著，忙著查資料、忙著問問題、忙著收集所有能解答的線索、忙著觀察和實驗。直到現在的年過半百，我的好奇心絲毫未減，甚至連蜘蛛結網，我都能靜靜地觀察著，牠的八隻腳如何分工合作。

小時候，聽說有人靠用集中念力能使東西變形時，我就每天都對著一支湯匙，看著它，想像它即將彎曲。但無論我多麼的專注、努力，湯匙依舊靜靜地躺在桌上，絲毫沒有變化。對於湯匙終究沒有彎曲，我認為是自己沒有法力，為了法力，我想起媽媽口中無所不能的菩薩。

我小時候的家，客廳有一個高高的檯子，菩薩的眼睛半睜半閉的坐在上面。媽媽總說，祂知道一切。為了讓湯匙能彎曲、筷子能折斷，趁媽媽每天去買菜的時間裡，我乖乖地跪在地上，用不再惹媽媽生氣、不再讓蝴蝶關在鉛筆盒裡而死亡為交換條件，虔誠的祈求菩薩收我為徒。許多天跪在菩薩面前時，我都瞥見牆邊正在搬運的螞蟻隊伍，或許是因為我的分心，所以乖巧的虔誠並沒有發生真心感動天的事情。既然菩薩依舊老神在在，我想應該讓祂有思考的機會，於是，螞蟻搬運隊伍，又成了我下一個好奇的目標。

「好奇」對我來說是連鎖效應，每一個點總黏著更多令人好奇的點，許多事情都讓我有一種「好想知道」的慾望。我聽著小亞斯的父母說著如何面對他們每天提出的問題，小亞斯的媽媽說：「他很愛問，是那種打破砂鍋問到底的問法。人家是十萬個為什麼，我每天都被疲勞轟炸，因為小亞斯是兩億個為什麼。他問我『為什麼神仙要穿衣服？』『為什麼神明沒有看到腳，還要穿鞋子？』諸如此類的問題。我就會說：『等媽媽哪一天當神明的時候，再告訴你。』我盡量用讓他可以理解的方式回答。問到最後實在不知道該如何回答時，我就會說我們一起去查字典或圖書館查資料。但他因為不太愛出門，當聽到要上圖書館查資料，他就會說要畫畫，就可以終止他持續不斷的兩億個為什麼。」

好奇心是快樂學習的重要條件之一，也是創造性人才的重要特徵。牛頓因為蘋果落下而發現的萬有引力，瓦特對於蒸氣的好奇而發明了蒸汽機，愛因斯坦、伽利略、哥白尼……等，幾乎所有的發明或發現都來自於「好奇」。但無限的好奇心和無限的疑問句，總讓身邊的人疲於應付。為了滿足「好奇」的一切，為了不讓被問的人增加太多困擾，我很慶幸自己已經學會了許多方法來滿足自己的好奇心，追根究柢的不放棄任何一種方法、一條線索。但太多的好奇，常讓我陷入時間不夠用的困境。於是，我開始學習分辨事物先後順序的重要性，學習讓令我好奇的事物排隊。

植物的生長、馬達的轉動、貓頭鷹的視覺、電流、磁力、雲層、人性、動物語言、風力、潮汐、森林、無論是哪一個領域、哪一個面向的事物，都讓我有極大的好奇想要知道。好奇心是與生俱來的，兩億個為什麼，必須有好的引導和環境的支持，才不至於消磨殆盡。「想知道」的慾望，能促使一切的學習開始，然後一個點接著一個點，接續無限的學習。

小時候，老師介紹宇宙裡行星的運行。我認真地看著地球儀，然後想著世界上所有的人、所有的東西都被牢牢地吸附在自轉速度很快的地球表面。我想起操場上那急速運轉、我幾乎要被摔出的鐵製圓球。我不懂為何站在地球上，不需要任何圍欄而不會被拋至宇宙中，雖然老師說那是地心引力，但我還是好奇有沒有例外。事物的相連如同細密的網，有好奇的驅動力才能擁有不斷學習的機會，也才有創造發明的可能性。

好奇是孩子學習最重要的基礎，更重要的是父母面對孩子好奇的態度。被遏制或不當對待的好奇心，終將漸漸地在生命中枯竭。父母在孩子對事物產生好奇時，應該抱持完全的支持和正確的引導，適時地在孩子力有未逮的研究上加以協助。當好奇的孩子擁有自由探索的環境與正確的引導時，所有因好奇而引發的學習，才能成為他一生受用的生存能力。

神明為什麼穿衣服？如果我是小亞斯的母親，我會說些歷史故事給他聽，舉凡關羽、媽祖林默娘、印度王子佛陀等。因為大部分的神明都是人死後受到膜拜，他們在生前就是有穿衣服的。為什麼沒有腳還要穿鞋子？那恐怕跟雕刻師父有關係，走一趟神像雕刻店，或許就能找到解答。其實，要滿足孩子兩億個為什麼的好奇心不難，不是嗎？

好奇心是生命存在的第二個心跳。

迷戀。收集

常常，我腦海裡會浮現一個影像：父親坐在客廳，幫五個孩子削鉛筆。他專注地一刀一刀劃過鉛筆。一片一片的鉛筆屑落下，彎彎的，很像一葉扁舟。我安靜的站在旁邊看著，看著筆心變尖、看著鉛筆變短。父親在削完鉛筆後，總會讓我摸一摸被處理過的筆尖，有一種渾圓的、澀澀的觸感。

在每天的削鉛筆過程中，我總專注地看著鉛筆變短的過程。直到鉛筆短到無法握在手裡的那一刻，我會堅持要留下它們。因為守候在它們一天又一天的變短過程中，我對那些鉛筆產生了無法言喻的深刻情感。雖然不愛寫作業，但我很愛鉛筆，每收集一枝，都令我雀躍。

短短的鉛筆隨著時間而越來越多，我會用橡皮筋把它們綁在一起。一把又一把的短鉛筆，讓我有一種擁有的滿足感。我常常抓住整把的鉛筆在紙上畫圈圈，隨著圈圈的環繞，去想像鉛筆的暈眩。在紙上畫一次就可以顯現的許多圈圈，總讓我驚嘆且著迷。那是生命當中第一個收集的美好記憶。

漸漸長大後，喜歡收集的興趣未曾稍減，無論是碎紙屑、養樂多罐子、橡皮筋、碎木屑、小彈簧、短短的線、繩子、口香糖的鋁箔紙……那些看似無用的東西，都在我的收藏範圍裡，我喜歡「物盡其用」的概念。所有的收集都變成了我的零件，這些零件，讓我的生活變得不一樣。

有一次，一台裝電池的小機器壞了，我發現是接觸不良，拿出口香糖的包裝紙，撕下鋁箔塞進機器裡，問題就解決了。木桌的缺損，拿白膠混合木屑補起，完整無缺。當我收集的零件項目越來越多，在解決生活上遇到的小難題幾乎都能迎刃而解。這樣順暢地解決問題，讓我越來越愛收集、收集所有。

為了我的收集品，我開始有了許多的零件盒子，從小小的格子變成放大版的工具箱，裡面有待拆的家電用品、美麗的玻璃瓶、電線、電路板、馬達……越來越多的零件，讓我在拆解拼湊中，得到許多創作的靈感。

我用音響喇叭、連接熱水器的鋁管、鋁罐、電線、燈泡組成了美麗的小檯燈；用強力橡皮筋和車用雨刷做成了十字弓；還有牛奶桶加銅管做成露營用的火箭爐熱水器，以同時解決在野地露營時，要生火野炊和洗熱水澡的問題。在我的零件倉庫裡，什麼都有，什麼都不稀奇。

在收集了各式的零件後，我發現自己許多背景知識不足以善加利用所有零件，我開始大量閱讀關於機械、電路、能源……的書籍、在網路上搜尋相關的影片，然後努力的做筆記。就像齒輪、電阻、電能、馬達、光譜……。這些與生活息息相關的知識，可以幫助我解決許多小麻煩。當明白更多的原理，就更容易看見問題的癥結點，也更能創造出自己所需的一切。

朋友送來報廢的舊式投影機，我開心的拆解著，裡面的每一顆螺絲、每一個零件都被安置妥當。其中的菲聶耳片（有圓弧刻痕的壓克力板），讓我如獲至寶的開心了好久，陽光透過菲聶耳片的聚焦，木板會瞬間起火。我將整台機器改造後，變成我最想要的夢幻太陽能煮食器。能用太陽煮食，讓我興奮莫名。

迷戀收集。收集迷戀。我在生活當中不斷地收集零件，也不斷地累積自己頭腦中的零件。為了我迷戀的零件，我也不斷吸收新的知識、學習所有技能。在零件組合中、當頭腦的零件碰撞時，那就是創造發明的時刻。我喜歡這樣的生活，喜歡自己成了別人口中的「垃圾發明家」。

任何事情，都有它美好的一面。選擇看見事件的美好面，總能讓生活多了許多開心。被認為該丟棄的、被換掉的一切，在自己珍惜的態度裡，「擁有」會變成一種快樂、一個幸福的開始。

在事情的一體多面裏找出正面的意義，是智慧。

沉迷

「沉迷」，聽起來確實是一件不太美妙的事情，但我回首過去，發現自己每一次沉迷於某件事物上，都成了日後一種能力的累積。沉迷是因為喜歡，在喜歡的愉悅感受裡，不需要耗費太多的能量強迫自己，這和現在教育提倡的「快樂學習」理論不謀而合。

我常在演說中鼓勵年輕人選擇自己喜歡的事物，然後反覆的練習。因為喜歡，就會有反覆練習的動力，就像線上遊戲為何迷人一樣。我常想著如何將學習設計成線上遊戲般，讓學習者沉迷於其中，反覆練習。許多家長反對孩子玩線上遊戲，站在教育的立場，我卻高舉雙手贊成。

前些日子，有個大學生問我，在我人生中遇到困難的時候如何面對？我問她說：「你有沒有玩線上遊戲？」女孩靦腆的笑著，不好意思回答。我說：「你不好意思回答，是因為你覺得這是一件不太好的事情？」女孩點點頭。我接著問：「你玩線上遊戲無法順利過關時，你怎麼做呢？」女孩說：「重來一次。」是的。重來一次。人生的旅途中，關關難過關關過，面對許多艱困的事情時，我總把自己的困境想像成線上遊戲，於是有了挑戰和面對的動力。

前幾年有一個遊戲「植物大戰殭屍」，那多變的設計讓人沉迷。雖然我屢戰屢敗，還是堅持屢敗屢戰，因為設計者的邏輯思考太令人佩服。我一邊玩著遊戲，還一邊做紀錄，分析每一關會出現的殭屍有幾種？能力有哪些？武器的強度、時間的長短等。一張張的紀錄表裡，記載著自己選擇戰鬥的方式和失敗的原因。有人看到我的紀錄分析表時大表驚訝，覺得忙碌的生活中怎麼可能有多餘的時間沉迷電玩？而這樣的沉迷，確實讓我更清楚了設計者思考邏輯的層次性，我也以此分析，重新檢視自己的邏輯思考，補強了自己在層次上的不足之處。

容易沉迷的性格，讓自己熟稔了許多事情，雖然不見得是人們認知的必要學習項目。有一次我和朋友去夜市吃東西，在等待的無聊中，朋友在夾娃娃機投了十塊錢，得到一隻小熊，我也如法炮製，卻毫無斬獲。於是，那一夜直到清晨，我花了台幣一萬多元，終於練就了戰勝每一台娃娃機的功力。從那時開始直到現在，雖然台灣大街小巷都能看見它，我卻再也沒有浪費一毛錢在娃娃機台裡，因為我已經明白了它的操作法則。我想，若不是那一夜短暫的沉迷，我相信以自己好奇愛挑戰的性格，應該會在每一次的遇見裡，都會投入幾十元，而永遠不會知道夾娃娃機裡的機器爪，最後的抖動才是失敗的關鍵性動作，而且，那是固定的程式設計，所以跟運氣無關。

我沉迷的事物，包羅萬象。琴棋書畫、種植、拍照、生存遊戲、拆解機器、遊戲、旅行、動物、機械、木工……在數不完的喜好裡，我沉迷其中、快樂在其中。每一項都因為沉迷而投入了許多心力研究和反覆練習，每一樣沉迷的事物也因此而能力精進。

就舉木工為例好了，我喜歡搜集各式各樣的木頭，當收集的材料變多時，總覺得應該能做些什麼，於是開始研究木工。我買了很多木工相關的書籍，也上網看木工製作的影片，那些木製品和它的天然香氣更讓我無法自拔的開始買木工機具。然後，每天都像木工師傅一樣滿身木屑，完成自己想要的作品。時間久了，機器壞了，在送修麻煩的考量下，開始動手自己修理。因為要修理，就必須研究機器的運作原理、研究機器必備的馬達，然後電學、力學、材料、零件、技能……。

我去成都時，買了美麗的苴却硯，有了硯台當然少不了毛筆和紙，結果為了這美麗的硯台和好寫的毛筆，開始重拾對寫書法的興趣。每天的練習變成忙碌後的喜好，漸入佳境的書法作品讓自己很有成就感後，也開始有了想要更上一層樓的學習和沉迷。

這些一發不可收拾的沉迷，現在已經成了我忙碌工作中的下課時間。因為興趣、因為喜歡而產生的沉迷，才會有孜孜不倦的學習動力。孜孜不倦就是學習最根本的態度。而人的一生要活到老、學到老，所以「沉迷」是應該的。

沉迷一時的學習，將能受用一世。

細節

無論是什麼事情，我喜歡慢條斯理地將它完成，也要求自己盡可能地專注於細節的完美。我常自豪地告訴別人，自己能將地板掃得一乾二淨，也能將鍋子刷得亮晶晶，我在這些生活的小事中訓練自己，以達到專注於細節的完成。

細節無處不在，是以「在乎」和「專注」的態度才能看見的。中國古老智慧中對於細節的記載有很多，老子《道德經》裡有「天下難事，必作於易。天下大事，必作於細。」還有「千里之堤，潰於蟻穴」，都在說明成功來自於細節的累積，所以生活當中看似不起眼的小事，才是累積成功的基礎。

學校剛創立時，我看見老師會捏一團報紙努力的擦玻璃窗，我拿起美工刀片示範如何能將玻璃窗擦成完全透明。在玻璃窗上噴上清潔劑，讓刀片與玻璃呈現二十度角的傾斜，然後就能將所有附著在玻璃上的油污與灰塵去除。這是一位洗車師父教我的玻璃清潔密技，我非常欣賞他注意細節的做法，無論是什麼行業，我相信他具備了成功者會注意細節的特質。

一個人要成功，必須有能力注意細節，這能力需要從小就培養，需要讓注意細節成為一種習慣。生活中所有事情的細節，就像數字中的小數點位數永遠無止盡、奈米後還有微米一樣，有更細的層次。

專注細節層次的能力，在於習慣的養成，以中庸之道為基礎，專注於細節但不陷入吹毛求疵的問題裡。注意細節是讓事情趨近完美的基礎、一個漂亮的盤子如果有了指紋就失去了它最基本的乾淨，就像一杯水裡面有了雜質、一個美女的滿口粗話、一片白雪混雜了泥土一樣，在人類天生愛追求完美的心態下，許多缺少細節成就的事情，總讓人有了遺憾。

注意細節是一種能力、也是一種在乎的表現，大而化之的粗略和漫不經心的草率，會讓事情出現應注意而未注意的情況，許多災難或麻煩就此開始。我曾經因為漫不經心犯過相同的錯誤：連續兩支手機掉進馬桶裡。這連續的錯誤讓我謹記在心，隨時提醒自己注意。

記得有一回，人在彰化用手機聯絡事情，通話完畢後就順手放進牛仔褲的後口袋，然後繼續當時的事情，等到上廁所時，手機噗通的滑進馬桶裡，我才想起自己的手機在口袋裡。我是個不常用手機的人，所以手機通常不在身上，也因此並不習慣在意它的存在，那噗通一聲著實讓我嚇了一跳。我愣愣的看著自己的手機在別人的馬桶裡，掙扎著該不該伸手將手機救起來，等我思考完畢撈起手機，已經失去了手機復原的機會。當第二次的相同錯誤再犯時，雖然我未加思索就撈起了手機，但也與螢幕閃爍的手機共存了很多日子。未經思考的將手機放進後口袋這個動作，是應注意而未注意的事情。我忽略了動作上的細節，以至於惹了後續的麻煩。

有一天，我在刷牙時想著許多尚未安排好的事情時，突然發現自己已經活在「未來式」的生活方式裡，對於正在處理的事情無法顧及完全的細節。在匆忙的生活腳步中，許多缺少細節的事情堆積後，造成粗糙的生活品質。

我帶著學校老師一起蓋了一間木屋，並期待著在木屋裡望著森林吹吹風、喝喝茶，享受涼風輕拂的愜意。在搭建木樁時，我們對於稍有差距的結構都斤斤計較，努力的修整。隨著時間越接近學期末，趕工的壓力越來越重，希望能在舉辦畢業典禮前夕完成，於是有更多的人力加入工作行列。

在這一段趕工時間裡，我發現了有些人沒有結構的概念，有些人沒有使用工具的經驗，有些人具備了以上的條件，卻不要求細節。大夥兒在短時間內非常努力的將木屋完成了，但因為所有的細節未被注意，整棟木屋顯得粗陋不堪，連遮風避雨的功能都不完全。我知道這是未能注意細節累積的結果，違背了當初的期待，它是個失敗的成品。

未能注意細節，未能累積完美的細節之處，一心期待成功也是枉然。如果期待能成為一個成功者，理當先從生活的小細節開始做起，教育亦然。

在許多父母望子成龍，將孩子生活中塞滿訓練課程之際，是不是曾經想過，孩子有沒有時間足以在一件事情裡專注所有的細節，好好的將一件事情完成呢？別忘了古訓有云：「天下大事，必作於細」。

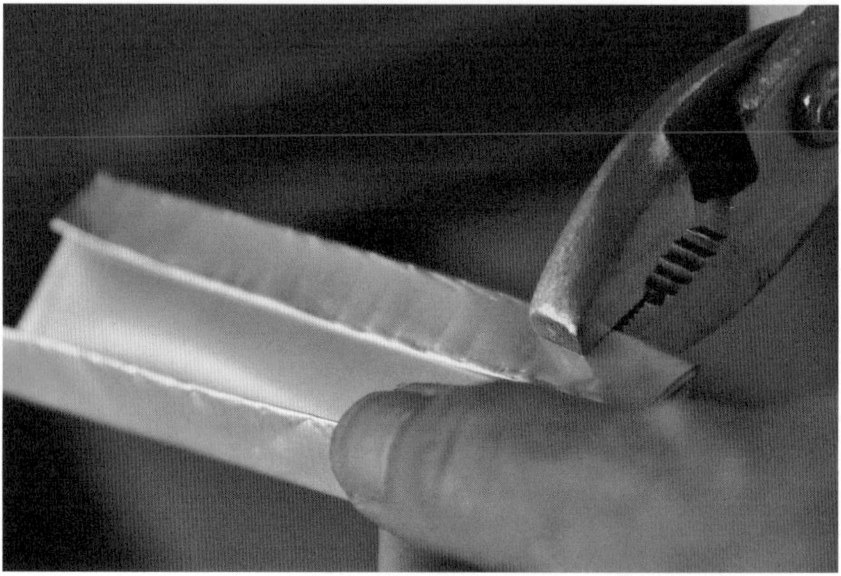

完美的世界來自於细節。

單純的思維

小時候，我的好朋友一直是狗兒。我喜歡動物。很喜歡。

小時候，我總躲在狗屋裡摟著狗兒的脖子，躲避母親的責罰。青春期時，總跟狗兒說著自己的心事，看著牠豎著耳朵歪著頭望著我，我知道牠很認真聽，很想懂得我的心情。從小「亞斯」的不善溝通、缺乏人際互動的缺憾，一直都是由狗兒彌補。牠們總是形影不離地在我身邊守著，亦步亦趨的跟著，在牠們身上，我學會了最真誠的對待方式、最單純的情感。與狗兒相處的日子裡，我能懂得和聽見牠們的語言，牠們的情感很深、很單純，在牠們的一生裡，都心繫著認定的唯一主人。直到現在，我身邊總有狗兒陪伴，無論是多晚回家，無論是離開家多久，牠們總是毫無怨尤的等待著我回家，那單純熱情的迎接是一種簡單的幸福。

當我有能力時，家裡除了一堆狗兒之外，我還多了貓咪、會說話的金剛鸚鵡，因為我好喜歡動物間的單純思維。這樣的喜愛，也讓我在諾瓦學校裡養了許多動物，有羊、大白鵝、巨嘴鳥、綠頭鴨、雞、魚、烏龜、流浪狗、還有許多外來的動物。牠們在諾瓦享有最高的地位，有專人照顧，有吃不完的糧食和舒適的環境。每當客人說：「哇！你們的鵝真肥」時，我都會回說：「不用多想，他們是在這兒頤養天年的。」

每當我遇到動物時，我都會認真地跟牠們說說話。我遇到養了六年多的老母雞時，會很熱情地跟牠說：「哇！你看起來越來越年輕了！真有活力！」學校的羊兒也都取了名字，當我遠遠喊著牠們的名字時，牠們也會搖搖晃晃地走過來，讓我摸摸頭、說說話。我在動物身上，發現了許多值得人類思考和學習的道理。

有一天，羊媽媽瓦利生了兩隻小羊，我們觀察了許久，發現媽媽只餵羊哥哥吃奶，羊妹妹怎麼也無法靠近羊媽媽的身邊，我知道這是動物擇優而育的本能。但在人類不捨的情感作祟下，我們還是想盡辦法讓羊妹妹能順利的吃到母乳。當我們努力的抓住羊媽媽時，羊妹妹會毫不遲疑地衝向媽媽身邊，努力地吸著母乳。當羊哥哥總是依偎在媽媽身邊時，羊妹妹已經跟許多小孩變成了好朋友，活潑開心地四處玩耍。有些小孩會在羊媽媽身邊說著，當一個母親就應該要愛所有孩子的道理。有人苦苦相勸、有人直接撻伐，而羊妹妹卻從未憂鬱抱怨。牠總會抓住每一次能喝奶的機會，吃飽後，繼續跟著大家四處開心的跑跳。

我觀察了許久，動物並沒有「抱怨」的思維，就像狗兒不會怨我旅行時離家太久，見到我的那一刻只有盡情的興奮、羊妹妹沒有哀怨媽媽只要哥哥而不愛牠，牠努力的生存著、老母雞並沒有因為多了許多更具競爭力的小雞而哀傷，牠讓自己健步如飛地衝向食槽。牠們沒有浪費一點兒時間抱怨，牠們都盡力、努力的生存著。

我這才發現人類耗費了許多時間在抱怨的情緒上，讓原本單純熱情的等待成了對方的愧疚感、讓父母的忽略變成無法彌補的遺憾、讓社會的競爭變成理所當然的扶弱。許多值得深思的道理藏在自然界中，在教育中我們努力地為孩子排除一切障礙、呵護他們的脆弱時，是否曾經想過這樣的作為正在削弱他們的生存力？

我想起自己曾經寫下的一段話：

留、流。

水流。總在有阻礙的地方，才有激起的水波。

總在有深度的停留後，才有浩浩湯湯的巨流。

一路順暢地緩流，缺少了速度，缺少了力道。

一路的阻礙，才能產生衝破的力量。

生命的力量，來自於阻礙。

人生的路，亦然。

羊妹妹、老母雞都具備了生存者的特質，不浪費時間抱怨、勇敢面對現實、盡力地求生存。在自然界的物競天擇裡，汰弱留強才是生存的真理。要成為一個生存強者，首先得學習不要抱怨、面對現實。因為在抱怨中，即便全世界都對不起自己時，又能改變什麼呢？如果羊妹妹哀怨地想著媽媽的偏心，想著自己的不幸遭遇，牠應該已經失去生存的機會了，哪裡還有四處玩耍的機會呢？如果老母雞抱怨為什麼要和年輕的雞一起競食時，哪還有吃飽的機會呢？所以，「抱怨」是自己邁向生存強者時，最大的阻礙。讓思維單純化，事情會變得更簡單容易，面對的時候，才不至於失焦。

幸福來自於單純的思維。

亞斯的勇氣

我曾經說過一個小故事，故事是這樣的：草原上住著一隻小兔子，小兔子每天都開心的在草原上玩耍。有一天，草原上出現了一隻大野狼，小兔子非常害怕、非常焦慮。於是，小兔子決定冒生命危險奮力一搏，為的是消滅自己的恐懼。終於，大野狼被奮不顧身的小兔子咬死了。所有草原上的小動物們歡呼著，小兔子從此被視為最勇敢的代表。牠們為小兔子取了一個名字，叫「亞斯」。

寫下故事的原因，是為了說明自己的勇氣從何而來。亞斯的勇氣並非努力練習或是與生俱來的，所有的勇氣都來自於必須「消滅恐懼」。一般人或許會覺得小兔子應該選擇逃走，而非冒著生命危險奮力一搏。亞斯的思考卻是消滅恐懼後，這個恐懼就永遠都不存在了。選擇逃走，就必須一生都背負着這樣的恐懼。

年輕時，弟弟當兵、姐姐出嫁，家裡只有我和父母住在三層樓的房子裡，我的房間在三樓，房間出去有樓梯可以通到屋頂。有一天晚上，我在睡覺時，突然聽見樓頂傳來腳步聲，我躺在床上全神貫注的聽著，試圖辨別腳步聲的走向，我發現他已經企圖開啟我家通往樓頂的門。在那瞬間，我想著他開門後我將與他面對面，那恐懼在瞬間達到最高點。我立即輕巧地跳下床，躡手躡腳的走到房門後，貼著門聽外面的動靜，他還在試圖開啟那扇門。

我知道，那一扇門，是隔絕恐懼的最後一道防線，但它即將被開啟。我以最安靜的速度打開房門，衝下二樓父母的房間，告訴父親樓頂上出現小偷。父親連忙起身，抓起棍棒後，衝上頂樓，我跟隨在後。

夜半時分的追捕，讓所有鄰居也都紛紛起床一起加入逮捕小偷的行列。小偷在幾戶人家的樓頂上奔跑，最後，在眾人合力的圍捕下，偷兒終於被逮，這時警察也抵達現場，結束令人恐懼的夜晚。

在威脅迎面而來時，我心中強大的恐懼感會被暫時放至一旁，在立即採取行動的時刻，頭腦裡沒有任何雜念，只有「如何消滅」的單一思考。當偷兒就範、警報解除，回躺在三樓的床上時，所有的驚嚇和恐懼才被全部釋放。

那一夜，我開著房門，直直盯著通往樓頂的樓梯，監看著所有的動靜直到天色微亮。父親說：為何不把房門鎖起來好好睡一覺呢？我想，我寧願看清楚、寧願主動掌握讓我恐懼的事實，而不是被動地讓想像中的恐懼接近。

這樣的警戒狀態持續了好一陣子，我也在房間裡放置了可以防止偷兒入侵的格鬥器具。這件事情，讓我對於異常的聲音、周遭的一切，產生了警戒的心。主動掌握恐懼、迅速且奮不顧身地消滅恐懼，是因為亞斯的感受非常強烈，強烈程度就如同沒有皮膚的人，輕微的碰觸就會有強烈的痛。所有的感覺程度相較於一般人都是超乎能被理解的範圍。

有一次，鄰居家頂樓廚房失火，我接到通知後立刻趕回家，那時消防隊尚未抵達，觀望的鄰居間，瀰漫著恐懼和焦慮的交談，我看著窗戶不斷地冒出濃煙，想著他們廚房裡的桶裝瓦斯……在時間分秒流逝時，我決定衝進火場抬出瓦斯桶。我立刻搬了一顆大石頭將門鎖砸壞，在濃煙中摸索到了開啟的瓦斯桶，關閉後立刻拖出現場，搶救瓦斯桶在最迅速的行動中，解除危機。這時候，我聽見消防車的鳴笛聲從遠處傳來。

這樣臨危不亂的舉動、被視為英勇的表現，在我的生命中漸漸累積。當眾人在稱讚和羨慕我的勇氣時，卻不知道，我所有的勇氣來自於「必須消滅」的強烈恐懼。那百分之百的強烈讓我無路可退，「完全殲滅」的思維是我面對威脅時的唯一方法。每當生活中面臨有威脅感的事件時，「完全殲滅」的處理方式，讓許多事情不再重複發生、不再有隨時的焦慮和恐懼。

「主動掌握」、「完全殲滅」，終究成了我的行事風格，「勇氣」也成了我的象徵。在這些社會價值觀念的評論中，我想著，自己其實只是一隻恐懼的小兔子，為了消滅自己的極端恐懼，我總奮不顧身的立刻採取生存之戰、正面迎擊。沒有極度的強烈感受，無法成就所謂的「勇氣」。「勇氣」不是訓練或學習而來的，當無路可退時，讓自己沒有選擇時，「勇氣」自然就會出現。

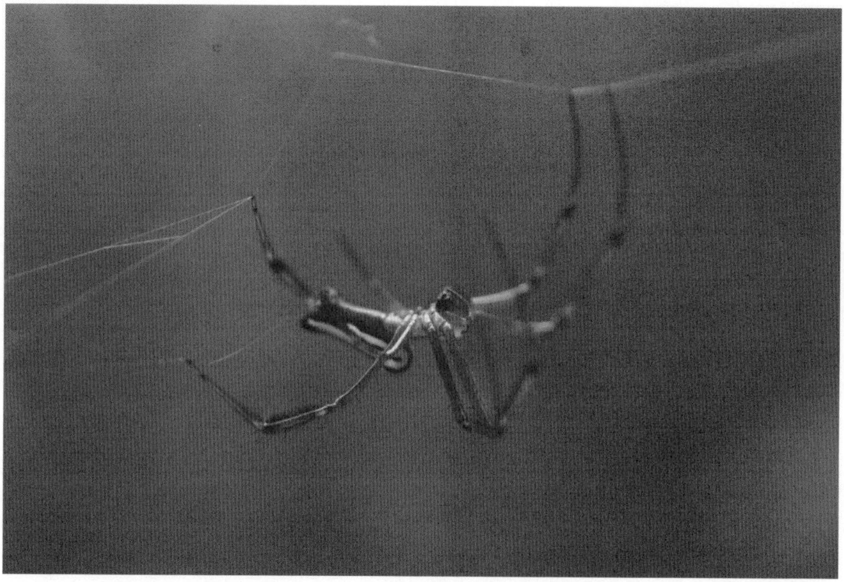

奮不顧身的勇氣，來自於強大的恐懼。

意志力

我小時候的年代裡，電影除了梁山伯與祝英台那樣的黃梅調以外，最多的就是愛國軍教片了。我的父母很愛看電影，眷村也會有軍方定期來播放電影。其中〈梅花〉、〈英烈千秋〉、〈大摩天嶺〉、〈筧橋英烈傳〉、〈八百壯士〉等，都是讓我記憶深刻的。

電影情節中面對艱困的勇氣、那樣強忍所需要的意志力，是我小時候假想遊戲的全部。我用紅色尼龍繩將自己捆綁，假想被敵軍俘虜後的折磨、鞭打，感受那樣的痛苦、感受面臨知道卻不能說的逼迫。從沒想過，這樣的假想遊戲，成了日後面臨困難時的提醒和意志力的養成訓練。

人生當中，總會面臨困境。每當自己遇見困難時，我總是先選擇靜默，安靜、退後的看著，看著橫在眼前的「難」，同時間切斷帶有情緒的負面想像，讓自己淨空。然後，幾近冷漠的，就當自己是個局外人，冷靜地觀察其中的錯綜複雜，在千頭萬緒裡，找出關鍵性的問題重點。靜默的冷漠，能夠不帶有任何情緒、情感的讓理智完全展露。

生命走過半百的我，似乎離「歷經萬般紅塵劫，猶若涼風輕拂面」的境界越來越近。「困難」對我來說，已經被轉換成電玩的挑戰，我總是能夠在不可能的任務中找出一絲希望、一點兒機會，然後努力不懈地去挑戰。在通過困難的過程中，有時需要堅強的意志力來等待，正如戰俘忍受酷刑、抵死不從的頑強意志。通常，在此時刻，我總會想起小時候捆綁在身上的尼龍繩、想著曾在腦海裡體驗千百回的「真實痛苦」，我相信，自己一定能挺得過去。

還記得在一九九八年七月，諾瓦幼稚園開幕的前一天傍晚，鋪地磚的工人讓近一百坪的前院工作停擺，直到天黑也找不到人。看著第二天即將開幕的場地一片狼藉，在無計可施時，我挽起袖子，趴在滿是碎石的地上，拿著工具開始鋪起地磚。一塊又一塊的鋪著，心裡一邊想著：「我一定要解決這樣的困境。」我揮汗如雨、手磨破了、膝蓋腫了……我安靜地數著自己放下的每一塊磚、想著小時候戰俘的「真實體驗」，想想，這點皮肉傷和酷刑相較，又能算得了什麼呢？夜半時分，我極其疲憊地完成了工作。看著平整的前院，我笑著、欣賞著，自己頑強的意志力。

或許是因為那個年代住在眷村裡，我們孩提時的故事，大多是父執輩說國共戰爭的經歷，許多精彩片段的影像，都留存在我的記憶裡。檢視後才發現無論什麼事情，只要有應完成而力有未逮時，都要由意志力來支持、來補強。就像尼龍繩捆綁的身體在接受無情的酷刑時，那無法承受的痛楚、那椎心之痛，就必須由頑強的意志力來隔離、切斷。

我在二十歲時，出了一場極大的車禍，當我的身體騰空飛起重重落下的那一刻，我想著自己有可能因此而喪失記憶或生命時，我在落下前，用最堅定的意志力，努力的弓起身體，保護自己不讓頭部重摔。當落下那一刻，我無法感覺到自己的身體，直到聽見許多路人議論紛紛，猜測我是否死亡時，我知道，我救回了自己，因為我能聽見這世界的聲音了，是那一瞬間的意志力幫助了自己。

那一場令人驚心動魄的車禍，撞斷了我的手指，在醫療的過程中，無論醫生在未打麻藥的狀況下如何處理傷口，我總頑強地面對十指連心的痛。我相信這痛，一定是能忍耐的。從那時候開始，我練習著讓自己和身體的痛隔離，讓意志力主導每日的分秒間，感受除了痛楚以外的一切事情。醫療的時間超過了一個月，只有在醫生第一次讓我躺在診療床上，第一次打了麻醉針，我知道自己將失去那一節手指時，心裡的痛讓我落下淚水。

從車禍後一直到現在，無論遇到什麼樣的困境，我總是靜默的，用我最頑強的意志力來面對，冷靜的分析、冷漠的隔離伴隨困難而來的所有感受，用旁觀者清的立場去處理。困難的難，難在缺乏堅定的信念和頑強的意志力。人說：靠人，人跑；靠山，山倒；靠自己，最好。在面對困難的時候，堅定的信念和頑強的意志力，勢必能衝破困難，成就自己所必須完成的事情，這是所謂的「人定勝天」。人定勝天的信念，確實幫助自己完成了許多不可能的任務。我笑著、欣賞著自己頑強的意志力。

頑強的意志力來自於不可動搖的信念。

二、能力

能力是我們在時間的河流上，努力收集而來的寶藏。

零件盒子

「認識自己」，聽起來是多麼的荒唐的說法。大家總能說著「我喜歡、我不喜歡」，總知道自己的堅持或想要。而在贅贅絮絮地說著關於自己的一切時，我們確實的認識自己了嗎？知道堅持，知道為什麼堅持了嗎？人生邁進三十而立時，總會開始經歷尋找生命意義、自己所為何來的階段，在人生意義的茫然中隨時間挪動自己的方向。

年輕時的我，困惑於茫然的未來，常常懷疑生命的意義為何？不知道自己究竟還能做些什麼？做些什麼只是為了延續自己的生命？如此而已嗎？我究竟因何而生？該如何存在？自己，究竟是誰？所有生命成長中的困惑來自於外在世界的眼光和評論，我背負著別人認為的自己存活著。其中，有些抗拒、有些沮喪，我想要認識自己所有的優缺點，由自己來評論、定義。我想，每個人都應該為自己的生命負責，在累積的歲月裡安然度過。於是，我開始尋找自己、辨識自己。建築大師貝聿銘曾經說過發人深省的一句話：「堅持，是對的。但必須先確定自己所堅持的是否正確。」我常常在肯定句後面加上問號，讓自己能反思堅持是否正確？許多自以為的肯定在開放的質疑中，有了再度審視的機會，再次重新思考的機會。

我從心理學的書籍開始大量閱讀，擴及到哲學、宗教、管理學、經濟學、醫學、物種演化等包羅萬象的書籍，也做各種的人格、能力等測驗，舉凡對於認識自己有所幫助的事情，我都會努力的嘗試。接著挑戰自己的能力、突破自我的限制，強迫自己克服無法面對或者不願接受的事情，我知道，透過所有的挑戰和突破，才能擁有柔韌的生命。

隨著找尋自我的歷程，就像開始時的「見山是山、見水是水」的淺層認知，經過「見山不是山、見水不是水」的困惑期，一直到深層的「見山是山」。那是將清楚的自己重新定位，就像散落一地的物品重新歸位般，清楚明確。所有的特質也終於有了清楚的面貌和發揮的機會，正如攪亂一缸的混水，終究會沉澱。

尋找自己時，就像在時間的河流上摸索前進，所有經歷的事件隨著自己的心境變化開始累積，漸漸地開花結果。我相信基因命定，但更相信一切都會因作為而改變。當自己的面貌越來越清楚時，我也看見了更多改變的可能性。於是，生命有了深度，有了躍躍欲試的期待。當瞭解和接受自己所有的一切時，便能成為一個真正成熟的人。生命的意義就在不斷地選擇中漸漸的累積，而選擇來自於個性和思維態度。我努力的將來自於遺傳基因和教養的自我重新定位，放置在對的位置，讓自己擁有的特質變成優勢。我想像著將所有屬於自我的特質都整齊的放進一個零件盒子裡，就像一個老木匠的工作盒，裡面有應付各種狀況的工具。每一個特質都有屬於它的格子，讓它們出現在該出現時。我想，當我能夠理智和冷靜地管理每一項特質，就能像老木匠熟稔的雙手般善用所有工具，讓每一項工具都能發揮極致的功用，來面對和創造生命中的每一天。

「天生我才必有用」。我二十多歲在嘉義師院念書的時候，曾經和教授說：「我覺得自己的個性太強了！」老教授不疾不徐的笑著說：「有個性總比沒有個性好。」這句話讓我揮別了對自己的困惑和沮喪，讓我重新看待自己的性格特質，邁向尋找自己的探索之旅。

「有。總比沒有好」，一直是我最慶幸的事情。我在每一天的開始時，帶著專屬於自己的零件盒子，面對會發生、可能會發生的所有事情，認真地思考著自己應該做、能做、想做的事情。在過了半百之後回首望去，我終於明白了自己生命的意義、自己所為何來。原來，上天給了我們一張遊歷人類世界的票券，只是，我們無法明白祂的註記。在人生時間不斷地推進時，我們藉由所有經歷的人、事、物來體悟生命的智慧，就像修習的一門課般。生活不再是為了蝸角虛名而汲汲營取，而是為了生命的意義而存在。每個人都有不同的生命意義，不同的生命使命，在探討生命意義之時，我想起「人盡其才」這句話。越過了自己的該要、能要、想要的，我想善用自己所有的特質工具，達到「人盡其才」的存在價值。

人盡其才，是因為將特質、能力都放對了位置。

觀察力

我的家看得見海、也看得見山，經過每天的觀察，我知道當天空的雲層往山上飄、當後山的燕子低飛、當疾風穿堂過時，晴朗的天氣就要改變。我的學校一年一度的畢業典禮都在戶外進行，正如漁夫看天吃飯一樣。每當畢業典禮前夕，我都會安靜地坐在那裡望著天空，看著天上的雲觀察走向，並祈禱著老天爺給我們一個剛剛好的天氣。

有一年，那厚厚的雲層不斷地往山上飄，大雨來襲是必然的了。老師們等待著我的指令是否必須更改計劃，我計算著雲層飄移的速度，看著雲層的厚度和範圍，看著離開場的剩餘時間。我想，冒著雨準備是逃不過了，但以時間計算，到開場時應該雨就會停止。那一年，大雨幫我們澆熄了夏天的酷熱，微涼的風，讓畢業典禮增添了許多秋天才有的詩境。

「月暈而風，礎潤而雨」，蘇洵在〈辨奸論〉所說的「事有必至，理有固然」，需要非常細心地觀察才能夠發現其中不變的道理。所謂山雨欲來風滿樓，正是觀察後得知的不變道理。在命理的許多資料裡，我也發現了其中固定的模式，就像四季的運轉、日夜的輪替、潮起潮落、山谷之間、心電圖……都藏著一樣的起伏。所有的一切在周而復始之間，不斷地畫著一個圓。我們的生命，就在周而復始的自然運行中起落。

這幾年，諾瓦小學十二歲的孩子在畢業前的最後旅行，是單車環島。每每要出發之際，總有英雄即出、一別千里的感覺。全校在校門口列隊送行，祝福他們一路平安。而這十五天的挑戰，在出發的那一刻起，最終的目地是一切都回到原點。就如生命的縮影一般，我們在出發和回到原點之間，經歷著所有、感受所有。

當明白了這樣的起落，面對許多事情，心情自然能坦然。生命的智慧也從觀察

一切開始，而後的每一個圓，都是生命歷程的累積。

在我們的生活中觀察一切細節，對我來說是一種習慣，我喜歡將觀察搜集而來的事物變成生活智慧。有一次，大夥兒到山林裡露營，那兒溪水清澈、景緻迷人，我們抓魚抓蝦、聊天烤肉，香醇美酒配上林間的薄霧，那是人間極致的享受了。但烤肉的炭火一直沒能如預期，大家只能飢腸轆轆地等待著。我看著爐口和搖晃中的樹影，發現爐灶的開口錯誤，以至於怎麼也無法讓炭火繼續。當我重起爐灶，讓爐口迎著風面，熊熊烈火瞬間而起，在短暫的時刻裡，每個人都享受了豐盛的一餐，酒足飯飽。

第二天晨醒，艷陽高照，我急忙起床，因為答應了同行的孩子到溪邊抓魚。出了帳篷，才發現孩子都已經準備妥當，就等我起床了。我帶著他們到溪邊，告訴他們如何注意安全，如何觀察溪水。

一個小時過去了，當大家都還盡情專注地看著溪水裡的獵物時，四歲的安估突然指著天空說：「有很多雲飄過來了！」我抬起頭望著天空，發現有變天的徵兆時，我跟小孩們說：「現在要觀察的是上游有沒有下雨。」小孩們上岸後開始注意天空出現的訊息，認真地學習如何辨認上游是否下雨。

雷聲響起，我教他們用讀秒的方式來判斷落雷點的距離，一秒大約距離三十公尺。接著看水面的波紋，原本平靜的水面開始有了細小的波動，他們知道了上游開始下起雨來。我說：「細心地觀察時，你會發現波紋明顯的動作、一波又一波的速度，就可以估計上游雨勢的大小了。」大家看著天上飄移快速的雲層、看著水面的波紋變化，我們判斷這一場雨會是短暫的。透過觀察，我們知道等待雨過天晴時，等待溪水恢復平靜後，就可以開心的繼續。能隨時掌握周遭的訊息變化，隨時隨地認真專注地觀察，才能夠有隨機應變的能力。

從出發起點到回到原點之間，我們正在經歷著天地之間的細微變化，當身體和心智都能夠依著自然運行的道理而行，無論有多少的未知，都將因為「事有必至，理有固然」而變成已知。觀察力，是讓我們在這人世間走一遭，雖未必成為先知，但必然不至於後知後覺不可缺的能力。

觀察力是人類內建的搜尋引擎，分析和思考是整合平台。

精準

言談的精準。

精準。是一種對事物細緻的顯現程度，也是一種態度。

很多人的日常對話似乎不太要求精準，但我常要求跟我談話要精準，不然我得不到答案，就會不斷地追問下去。最近因為出書需要推薦序，我問朋友說：「你在寫序文嗎？」他說：「你看你丟給我的苦差事。」我只好又問了一遍：「你在寫序文嗎？」朋友才發覺自己沒有精準的回答我的問題。精準的回答應該是：「是，我正在寫。」

類似這樣的對話不勝枚舉，最常見的就是夫妻吵架時的對話，我常常建議吵架的時候一定要錄音，等到吵完時再聽一遍內容，就發現自己會堅持自己想說的而忽略了對方所要表達的。但吵架，就是因為溝通不良才引發的，在其中卻又各說各話，這不夠精準的吵架，就會缺乏建設性，只是傷了彼此的感情。

時間的精準。

精準。是一種極細膩的觀察和感受的累積。我的臥房面對正東邊，四季的轉移和時間的變化是我每天醒來時的第一幕。經過日積月累的觀察後，我只需要看看窗外的光線就知道現在時刻，誤差在一分鐘之內，因此，我不太需要依賴時鐘。家裡每一層樓的時鐘都自由地走著，許多朋友來我家做客，都很好奇著我家時鐘的顯現時間都不同，這樣自由的時鐘，會不會讓我誤了事情？我說：「我家真正的時鐘是窗外的天色，天色因為四季和時間而有不同的光譜。」許多朋友都很訝異我對時間的精準度。

速度的精準。

精準。是一種分格的估算。有一年中元節，我跟朋友去廟口湊熱鬧，路邊有一攤販是用飛鏢射中轉盤的指定數字，就可以得到一只布袋戲人偶，我們每個人都躍躍欲試。我觀察著木製小轉盤上的數字分布和被指定的數字位置，當老闆開始轉動時，我心裡估算著數字和轉速，在瞬間射出飛鏢時，正中靶心，因此得到了獎品。

朋友們試過後都覺得這遊戲是碰運氣，我卻認為除了運氣之外，還可以用精準的估算能力來增加機會。分隔的估算，在我的腦海裡，很像手錶裡的齒輪，精準細膩的幫助我估算時間，所以每次路程往返時的抵達時間，我也能準確的預估。這樣的精準是一種經過仔細觀察和認真思考分析後的一種能力，是對生活周遭的一切事物都專注後的結果，它不是天賦的能力，是可培養的一種能力。

目視的精準。

我家在修整的時候，我看著樓梯的高度跟工作師傅說：「你這樓梯不一樣高。」師傅說：「我都用尺量的，怎麼可能不一樣高？」我說：「第三階就高出至少○．三公分。」師傅再度拿尺去量，果真高出○．三公分。師傅訝異極了，覺得我的目視精準度比他的量尺還要精準。這樣的目視精準能力，有許多可以依循的方式來培養，例如一個拳頭大約十公分、張開一個手掌大約二十公分，不需要精準的尺在身邊，也可以擁有目視的精準能力。

我喜歡精準的東西，無論是極細緻的螺絲釘或木作榫眼、密合度剛好的齒輪或是滑動順暢的門窗，還有精準接合的機械、整齊的文件等，那種剛剛好的感覺讓人愉悅。我想，精準是需要細膩思考才能產生的能力，必須經過日積月累的反覆練習後，才能夠越來越精準。世界上所有事物的價值都在於精準，製作的精準、要求品質的精準、流程的精準、言談的精準、思考的精準等，唯有精準的事物，才是有價值的。

在生活中，所有經過的事情都是我最好的練習機會，我會在誤差裡找出原因，然後修正。無論是哪一項的精準，我相信那是減少誤會、減少誤差很重要的能力。精準能力的養成，就在生活中的每一件事情上。練習放慢速度、仔細觀察，讓自己從草率的猜測進步到精準的預估。這是每一個人都可以因為學習而得到的能力，擁有這樣的能力，才能讓自己的生活變得更簡單而有價值。

精準是所有事物的價值所在。

創意

許多人談「創意」，也有許多事物被標記成「創意」。簡單說，創意就是由元素相加，跳離慣性而產生的化學變化。既然創意是跳離現有框架，重新定義事物和事物之間的關係，將既有的元素拆解後重新組合。那麼，在擁有創意之前，必須先清楚明白自己所擁有的能力，以及所有的知識背景。

記得有一回，在學校舉辦活動的前夕，一群老師正為射擊比賽的竹箭製作苦惱著，因為竹筷拼湊出來的射擊力道不夠，準度也不夠。大家努力地嘗試各種零件的組裝，試圖解決困境。

我想著力道不夠需要加強彈力，準度跟彈道有關。於是我想起自己收集的材料庫裡有一組車用雨刷，雨刷的彈性再配合較粗的橡皮筋，應該可以增加射擊力，於是我將雨刷兩端綁上較粗橡皮筋，用木條做出較長的彈道，組合起來就成了符合老師期待，具有準度和射擊力道的自製弓箭。

我利用雨刷彈性做出的弓箭被大家熱情的讚美著，大家也很想知道我的想法是如何產生的？其中的原因就是我懂得弓箭製作的原理，也知道自己所擁有的零件有哪些，還要能夠將符合所需條件的零件組合起來，才能夠創作出有創意的作品。

創意絕非憑空想像而來，創意需要許多基礎的背景知識和彈性思維。創意是因應需求而產生，創意是用來解決問題。我很喜歡在戶外用撿來的枝葉起火炊煮，但集熱效果總不能盡如人意，就算是花錢買來的炊煮工具也不合我意。於是我研究了許多方法，我用廢棄的鐵罐製作成集熱效果超強的火箭爐，需要的燃料不多，溫度卻能高達三百多度，試用後我非常滿意自己的創作，去露營的時候，炊煮變得容易，平時在家料理，我也喜歡用火箭爐，因為連瓦斯都是多餘的燃料了。

鐵罐火箭爐燃燒時，周邊的溫度也很高，我一直覺得應該還能利用這樣的溫度做些什麼？我反覆的思考後發現，如果在野地露營，當炊煮完畢還有熱水可以洗澡，那就太完美了。於是我找來廢棄的銅管，將銅管螺旋環繞在鐵罐外，上面接上特大寶特瓶。每當我將火箭爐燃起，冷水從上而下在環繞鐵罐的銅管中繞了幾圈，滾燙的熱水就源源不絕的流出來。一個設計、兩種功能，能讓自己得到需求上的滿足，這是創意展現時最大的成就感。

自製熱水火箭爐是從需求開始，這其中必須具備煙囪效應、熱水器原理、熱能和零件、材料、工具等相關背景知識，還有使用工具的能力。但具備了以上的條件後，就一定會有創意嗎？當無法跳脫慣性思維的框架時，所有具備的條件，不過是零散片段的一種擁有，是一種沒有交集的平行線。所以，我們常說孩子的創意無限，長大後卻很難跳離慣有的思維模式，那是因為長大後的思維模式會漸漸固著，對於事物之間關係的認知已經植入。所以，對於孩子的教育，不該限於死記固定模式或知識，應該讓孩子明白所有解決事物的方法都是其中之一而非唯一。

創意並非在既定模式裡找方法，而是跳脫既定後重新審視和組合。換句話說，就是打破舊有的思維和作法，將事物拆解成零件後重新組合，即是創意。

我在參與社區事務時，發現行政人員的上班時間無法配合住戶需求，為此，大家開了許多次會，討論如何在固定的上班時間內，又能滿足住戶下班回家時還能領包裹。大家在互相矛盾的條件裡絞盡腦汁的討論，一直無法解決問題。我將住戶需求的時間、行政人員應有的上班時數以及個人需求等條件一一列出，提出了交叉上下班的意見，交給行政人員自行討論。有人因為家庭因素而需要晚上班，有人期望早下班還能利用時間去進修。在相同的人力之下，拆解成零件後重新組合，問題迎刃而解。

將事情本身拆解成零件，針對需求重新組合後，事情會出現不同的樣貌和結果。就像產生化學變化一樣有趣。我記得小時候老師在黑板上寫下「下雨天留客天留我不留」的未分段句子，要我們練習分段。對於不同的拆解方式而產生了不同的意義讓我好著迷。「下雨天。留客天。天留。我不留。」「下雨天。留客天。天留我？不留？」這樣的練習，深深的烙印在我的腦海中，埋下了日後我對於事物的拆解能力。當具備了拆解的能力，重新組合就不再是困難的事，創意自然如泉湧般源源不絕了。

創意並非憑空想像，創意來自於淵博的知識累積。

句號思考法

從小，我對於閱讀一連串的文字敘述有很大的障礙，很難在句子當中抓住重點和意涵，即便是我很有興趣的內容，也一樣無法理解。在求學的階段又沒有電腦的時代裡，所有想得到的知識都在書報雜誌上，都是一串串的文字組合，我被迫的必須要想出方法來幫助自己閱讀，於是，我發明了自己能理解的句號思考法。

我在句子裡拆解出字、詞，當長串的文字組合被拆解後，單一的字或詞就變得比較容易瞭解，最後再將句子還原組合，我便能瞭解組合的文字串其中的含義為何。斷句方式很像小孩牙牙學語時期，由單字、詞、最後才有整句話的堆砌產生。

這樣的拆解，讓我的思考不再混亂，很快就能抓住關鍵的重點，也因為努力拆解的過程而加深了印象，所以同時養成了過目不忘的能力。

我在大學的課堂上，談到諾瓦「回收資源玩創意」的主題課程時，也用斷句方式幫助學生思考。七個字的組合所產生的變化有許多種，例如「回收。資源。玩。創意。」、「回收資源。玩創意」、「回收。資源。玩創意」、「回收資源。玩。創意」……等類別，當字句被拆解後就能有清晰的思考方向。「回收」就涵蓋了收的地點、方式、時間、量、整理、……等，依此類推，就能夠清楚的分析這七個字組合所囊括的完整網路圖。句號思考法能讓思考變得更縝密，邏輯層次更清晰以外，還可以建立起更深刻的記憶。

諾瓦老師在決定課程名稱時，對於「回收資源」和「資源回收」有不同的意見，「回收資源」是以回收為主，而「資源回收」是以資源為中。兩者之間的差異，會對課程有不同的發展方向。於是我用句號思考法釐清重點，知道以資源為重的主題，才是符合老師課程的主要教學目標。抓出關鍵的重點後，對於回收、資源、玩創意的每個方向發展，才能有完整性思考。

一直到現在，有些難以理解的法案條文或廠商合約，我都以句號的方式來思考和分析。因為句號的方式，讓我思考變得敏捷快速，可以立刻在事件本身抓住關鍵性的重點。這樣的思考模式行之多年後，幾乎成了我面對事情的本能反應，所以當許多人還沒釐清重點時，我已經能指出問題所在。生活中用文字訊息傳遞時，我也常在自己的文句敘述裡用句號，將想說的先用句號分段處理，以方便對方能夠更清楚我所傳遞的訊息重點。久而久之，周遭的許多人也懂得以斷句來拆解一長串的文字訊息，減少了許多無謂的解釋時間和抓不住重點的對談。

斷句法也符合教育原理，由簡入繁、由易至難，同時能夠培養邏輯、思考、創新、縝密、分析等能力。在被拆解的字詞中，例如：「回收。資源。」和「資源。回收」必須考慮的重點就不同。重新組合後也會產生新的意涵，例如：「創意回收。玩。資源」等。這簡單的七個字，因組合的不同而所能產生的思考面向變得更廣、更多元。斷句是一種拆解能力，我喜歡將許多事情都拆解成零件。單一的零件有其特性、含義和方向，單一的零件也容易組合成新的連結。

拆解。組合。再拆解。再次重新組合。諾瓦每學期的課程主題，常常會以此方式再度的檢視。我記得，有一回五年級的課程主題是「台灣的特色產業」，我們重新思考了「特色產業」和「產業特色」的差異後，決定課程的發展方向為「台灣的特色產業」，另外一個班級則選擇了「台灣的產業特色」。一個以特色為先，一個則以產業為主。句號的思考，幫助我們精準的辨認和達到目標。

句號思考後所呈現的，都成了單一的元素，這化繁為簡的做法，也能幫助我們除去複雜沉重的心理壓力，因為複雜總讓人難以理解。將簡單明瞭的單一元素再度組裝還原時，更可以清楚發現其中可能的謬誤，重新釐清整體的問題，讓事件變得更具合理性。這「句號思考法」，能強化自己的分辨能力、說話的邏輯性，最重要的是，讓創意有如組合玩具一般，變化無窮了。「句號思考法」確實如生活中的一枝魔棒，讓許多複雜冗長的言談或文字變得簡單，解決了許多生活上的困難。

句號。總能斷了許多紛擾和牽扯。

創新思維

在變化神速的世界裡，創新的思維已經成為生存的必要條件之一。無論是哪一個行業，都在追求創新的思維與作法。然而，面對「創新」這個名詞時，就好像面對茫茫大海，何處去撈針呢？其實，要擁有創新的思維並非難事，讓我們仔細想一想，何謂創新思維？應該是當我們能夠戒斷慣有的思維後，所有的思維都可稱之為創新。

在自我安全的習慣思維裡，我們總寧願選擇安全穩定，也不願意冒險去嘗試那不定的答案。我們努力的想著如何創新，卻又依賴熟悉的習慣，有時候，習慣但不快樂，多數的人還是不自覺的會選擇習慣，寧願降低自己對快樂的要求而不敢嘗試改變。「習慣」讓人漸漸的無感，讓人安全且熟稔，無論快樂或痛苦，這樣的無感和熟稔也加重了擁有創新思維的難度。

每當聽到人們談論事情的理所當然時，我總喜歡將他們的「肯定句」後面加上問號，在「應該」後面加上質疑。有些人在聽到肯定句變成問句時，常常露出詫異的表情，然後，開始思考著自己的理所當然是不是有值得修正的地方？這樣的方式是培養創新思維的最好方法，每一個想法都經過重新的審視和逆向的思考，打破舊有的習慣思維後，創新思維自然而然的就產生了。

例如許多人總說「出國要跟團」。出國一定要跟團嗎？當這樣反問時，除了立即反應出疑惑的表情之後，接著就會有人開始說著跟團的安全性、方便性、林林總總的各式理由來維繫慣有思維的安全。諾瓦小學海外參訪活動行之多年，因為人數的問題，總是習慣交由旅行社全權包辦。在二〇一四年的希臘行，我希望破除旅行社包辦的舊有習慣，也期待此行能讓所有成員有全新的收穫，所以提出了以組別單飛的構想，各組自行計畫路線，然後定點定時的集合。這構想提出後，各組開始熱絡地討論著、計畫著，因為這是打破舊有習慣的首度嘗試，每個諾瓦成員都摩拳擦掌，躍躍欲試，我稱這次的活動為「黃金傳奇希臘行」。

在希臘行動尚未開始前的訂機票、計畫路線、估算經費、租車、訂飯店等事情，讓所有成員體驗了自己擁有決定權和一趟冒險之旅，並且興奮的期待出發後自己的計畫能夠暢行無阻。在希臘行動開始時，每一組不同的出發時間、不同的轉機地點，但我們都在天上朝著同一個目的地飛著，也同時想著其他團員是否平安無恙。這樣的全新體驗帶給所有成員一趟難忘的冒險之旅，也同時感受了戒斷慣性思維後所帶來的新刺激和更廣闊的彈性思維，當思維有了彈性，也同時開啟了創新思維的勇氣。

每當思考著如何讓人們能擁有戒斷慣性思維的勇氣時，不禁懷疑起許多父母在教養孩子時的慣性要求是否正確？我的朋友是老師，我去他家裡作客，發現五歲的兒子進門脫鞋時一定要坐在小椅子上。那天，不知道誰搬走了小椅子，兒子因為找不到小椅子無法脫鞋而鬧著，一家人開始忙亂地尋找著原本固定放在門邊的椅子。我看到這情景，就用手扶著牆壁，一邊脫鞋一邊自顧自地唸著，其實用手扶著牆壁，站著也能把鞋子脫下來。我脫完鞋往客廳去的同時，發現兒子在觀察我的脫鞋動作後也依樣畫葫蘆的將鞋子脫好了。

當孩子天生具有堅持的特質時，父母的教養方式，就應該讓孩子明白許多事情都可以有彈性，有轉圜的餘地。堅持是好的，但如果不知道，有時候還是可以選擇轉個彎，那人生會變得太辛苦。我年輕的時候，母親常常說，前面即便是有面牆，你也會把牆撞倒了才過去，為何你就不懂得繞個彎呢？現在終於能體會，繞個彎就是戒斷慣性，才能找出一條創新的路。

「慣性思維」是一個植入性的框架，如果失去改變的彈性時，框架就會如牢籠般的箝制思想，人生的穩定性或許可期，但必然會失去了生命廣度和深度的拓展機會。所以，父母在教孩子每一件事情上面，應該要知道習慣只是許多方法其中的一個方法，但絕對不是唯一的方法，如此培養的習慣，才不至於成了無法變通的框架。「慣性思維」也不是全數都必須戒除，「並非唯一」就是保有彈性的空間，也同時培養了創新思維的能力。

戒斷慣性思維，創新自然出現。

驚聲尖叫

每年，我總會開著車走一趟花東，那瀕臨太平洋的美景讓人心曠神怡，忘卻煩憂。車行經蘇花公路時，我喜歡觀察許多砂石車司機的反應。有些司機因為車速慢，會客氣的開到旁邊讓其他尾隨在後的車子先行經過，有些車還會打燈號，告訴你前無來車，是超車的好時機。

有一回，我和朋友從台東離開往北，按照往例在經過沿途美景時，都會下車走走和拍照。那一次，就在開車不久，在一個轉彎處，聽到巨大的碰撞聲，我轉過彎，看見砂石車與小貨車相撞，那小貨車的車頭已經凹陷，司機被夾在駕駛座上動彈不得，砂石車司機站在路邊打電話。

小貨車上的年輕司機已經極端痛苦的呻吟著，我連忙下車喊著砂石車司機說：「救人第一。」但砂石車司機絲毫不為所動，繼續打著電話。小貨車司機的雙腳被壓扁的車頭牢牢地夾住，一直喊著：「我的腳沒有感覺了。」在四下無人的山裡，我趕緊跳上小貨車已經變形的車頭上，用盡全身的力氣往後仰躺，企圖用全身的重量扳開車頭、然後一邊喊著年輕司機用手把自己的腳拔出來。當時，我絲毫沒有其他的念頭，只有一心一意的用盡全力扳開車頭。在不斷努力下，那被壓迫的雙腳終於被拉出來。那一刻，我突然想著，自己如果能胖一些多好。

我將司機的鞋子也拿出來幫他穿上，並幫他按摩著雙腿，看他氣喘吁吁的痛苦著，我安慰他說：「還好沒有生命危險。」這時砂石車的司機說：「救護車等一下會到，我已經報案了。」我當然不免教訓的說了幾句應該要以救人第一，這時年輕司機似乎已經脫離了險境，我才開車離開。沿途，我和朋友聊著車禍的處理狀況，總覺得許多人在突發狀況的瞬間，常抓不住事件重點的先後順序，更別談正確反應的行為了。

另外一個事件是，有一天大雨過後，朋友打電話來求救，說車子在我家附近的路上陷入泥濘動彈不得，我接了電話後即刻開始行動。我想著朋友的車款，大約一千二百公斤，在下樓時找出攀岩的繩子，然後計算著繩子的承重拉力。我很迅速的將繩子折成五段，順便看了窗外，天黑、起霧、煙雨迷濛，判斷應該帶著手電筒。在短短五分鐘內，我趕到現場。朋友站在漆黑的路邊，看到我的車時，他大聲叫著：「車不要開下來，這裡很滑。」我心想著，如果不靠近，如何將他的車拉出泥濘呢？這時又聽見朋友重複的喊著，我想：「還是先下車觀察情況吧！」

在坡度大約三十度的路上，剛下過雨的整修道路確實很滑，我試圖在周邊找些能夠蓋住泥濘的素材。在我走每一步的過程裡，朋友都不斷地喊著：「小心，那邊很滑！」他反覆地說著相同的話，我反覆地思考著還有什麼方法可以解決困境。

我跨過路邊的溝渠、遍尋著可以利用的東西。在安靜的山上，在煙雨迷濛的黑夜裡，朋友的不斷叮嚀顯得很刺耳。我利用一些棧板和碎石，最後將他的車退回至安全的地方，結束了救援行動。離開後，朋友的叮嚀聲還迴盪在耳邊。我想著，就是因為天雨路滑，車子才會陷入泥濘中動彈不得，「很滑」已是事實，這樣的不斷提醒，無助於解決困境，只會讓自己沉浸在緊張的情緒裡。

面對困境時需要冷靜地思考，解決對策和因應的方法才會出現。「臨危不亂」需要冷靜地思考，「當機立斷」需要平日縝密的思維訓練和廣泛的背景知識。「驚慌」就會「失措」，這是不變的道理。遇到緊急狀況時，許多人的頭腦裡會出現假想地圖，大多是令人心生恐懼的想像，緊張且慌亂的反應就足以打斷冷靜理智的思維，無計可施就成了當下面對事情的反應。

小貨車上的年輕司機如果能保持冷靜，忽略事故發生時的驚恐而清楚的研判，我相信他不需要我的幫助也能讓自己脫離險境，因為他的雙手功能都還未喪失。如果我的朋友沒有將所有心力都用在「路太滑了」，而是「現在該怎麼辦？我還能做什麼？」或許也能夠幫著自己脫離困境。因為他能發現路邊有許多工程用的棧板和大堆的碎石，那都能讓已經濕滑泥濘的路變得乾爽些，車子的輪胎也有可以壓過的硬物而脫離。

每每遇到這樣的狀況時，我總得先讓恐懼緊張的人安靜，告訴他們我會處理。我們周遭常常會有許多這樣容易驚聲尖叫的人，我常想著他們的生活如何永保安全平順地度過。或許在下一次遇到緊急事故或困難時，就從安靜開始練習起吧。唯有安靜時，大腦才能不受干擾的正常運作，才能理智地思考如何展開「救援行動」。驚聲尖叫，只會讓自己失去理智。

安靜。才能沉著冷靜。才會有餘力思考。

想要。能要。該要。

我每天都必須面對許多等待處理的事情，在排序上除了緊急事件必須立刻處理外，我會將事件本身分成想做的、應該做的、能做的三個類別。想要、該要、能要，這樣的分類能夠清楚的知道事件的重點和解決之道。想要、能要、該要，這三者之間的關聯性有許多的變化。這三者必須佐以價值觀、年齡智慧、判斷能力和道德、自我認知等發展的成熟度，才能辨認和判斷。當想要、能要卻不該要的時候，就必須以「應該」為考量重點。當該要、能要、即使不想，也得盡力完成，就像我們必須面對的工作。

想要，是關乎自己的意願或喜歡與否；能要，是屬於能力的問題；該要，是依價值、道德和環境中的所有條件來判斷應該與否的。我曾經出了一個題目，「我想買房子，但我沒有錢」和「我沒有錢，但我想買房子」，讓六年級的孩子辨認其中的差異性，一個是「想要」在前，一個是「能不能」在前。「我想買房子，但我沒有錢」，是能力不足的問題，只要將能力的問題解決了，就能夠達成自己的想要。「我沒有錢，但我想買房子」，在條件不足、能力不夠的時候，卻只想著自己的想要，這就是自我認知不夠成熟的說法。

這學期，諾瓦六年級的築夢計畫是去希臘，經過一整學期的努力，經費已經累積一半了，另一半還需要家長的支持。其中有一個孩子從課程開始，就知道出國的費用是媽媽很大的負擔。那天我跟他聊希臘行，我問他說：「你想去嗎？」他說：「不想去，因為負擔太大了。」我說：「我問你想不想去，不是問你能不能去。」孩子聽懂了我的話，他說：「想去。」我說：「當你確定想去後，我們才來討論能不能去」。我說：「想要和能要是不一樣思考方向，現在不能去的原因，是因為媽媽經濟負擔太重對不對？」小孩點點頭，我說：「那如果解決了經濟問題，是不是就可以去了？所以，我們一起想辦法來解決經濟的問題吧。」這番對談，我相信孩子已經學會辨認自己想要和能要的差異。

記得姪子五歲時，我帶他去看牙醫，他抗拒著不想去，於是我跟他說：「你的牙齒生病了，沒有想不想看的問題，是應該要看。而且牙齒是你的，你沒有照顧好你的牙齒，就要麻煩大人花時間帶你去看牙醫，對不對？」姪子似懂非懂的點點頭。於是我又接著說：「有些小孩自己沒把牙齒照顧好，看醫生還要又哭又鬧的，更是麻煩的事情。」姪子聽完我說的話以後，在看牙醫的過程裡，即便再緊張都忍著不敢哭鬧。這是讓孩子知道應該做的事情就要勇敢面對，要自己負責。

在鼓勵年輕人勇敢追夢的時代裡，我發現許多年輕人變得好高騖遠，以為有夢最美，卻忽略了評估自己的能力和應有的本份。就像「我沒有錢，但我想買房子一樣」，懷抱著不切實際的口頭夢想。或許年輕都有夢，但重點在於該怎麼做才能讓夢想實現？否則就會如我的父親所說的，夜夜想千百條路，早上醒來還是磨豆腐。除了想要之外，能不能？該不該？都應該列入思考的範疇裡。

我喜歡踏實的分析和辨認自己的想要。我在三十歲時，渴望著擁有自己的房子，一間專屬於我的小屋。我想要？答案確定。我該要？答案確定。我能要嗎？我認真的評估著自己是否有能力在二十年內背負貸款。當答案確定時，我便開始尋找理想中的小屋，達成自己的想要。美麗的夢想是存活的目標，達成想要的目標在於能力，而應該與否，是因人而異的標準。有夢最美，在想要、能要與該要之間，我們應該學會的是踏實的分析和辨認。

諾瓦一直是個勇敢築夢的團體，每當一個發想開始，我們便和孩子一起討論如何達成？從評估自己的能力開始，想著每一個可能達成夢想的做法，用循序漸進的方式計畫，直到完成夢想。每完成一次就奠定了更多的勇氣追逐下一次的夢想。在一次又一次成功的達成目的時，孩子的成就和自信隨之而來。「想要、能要、該要」，對每一個人來說，都是人生必須具備的思考能力。

想不想？能不能？該不該？
就像過濾網一樣，能濾出自己下一步的方向。

三、態度

態度是人生的方向盤，方向對了，人生一趟就能了無遺憾。

興趣

我的大學教授朋友打電話來說，剩下不到一年就要畢業了，他的學生卻堅持不願繼續念舞蹈系，所有人勸她都沒有用，希望我能幫忙和年輕人聊一聊。這大三的小女生長得清秀，小學三年級就開始學跳舞，國高中都以優異的成績進入舞蹈班，年紀輕輕，舞蹈在她的生命中竟超過了二分之一，眼見畢業在即，為何突然放棄了呢？

我們聊天的過程中，女孩說著她的堅持，她說：「我絕對不會再跳舞、再也不想。」同時也放棄畢業公演時位居要角的機會。我聽著她敘述從小媽媽帶著她去上舞蹈班的事情，她紅著眼眶說對不起媽媽，但自己真的膩了、厭倦了。

原本開心地跳舞興趣，最後卻成了不可承受之重，母親的一心期待與栽培眼見就要付諸流水了，這女孩堅持不想繼續的原因，其實是目前教育裡屢見不鮮的例子。當小女孩在家裡隨音樂起舞時，媽媽覺得那是孩子的興趣，在機不可失的狀況下，送去了舞蹈班。讓她為了能順利進入國高中的舞蹈班，每天都必須用最多的時間反覆練習，沒有想不想跳的權力，只有該不該練習的問題。時日久了，放棄可惜了，所以無論如何都要繼續。在這過程中，小女孩隨音樂起舞的快樂早已蕩然無存，興趣的種子早已窒息，唯一讓她繼續的原因，是不忍辜負媽媽的期待。而今，就連媽媽的苦勸也聽不進去了。

我安靜地聽完她的故事，問她說：「你知道自己為何如此堅決不再跳舞了嗎？」女孩說：「膩了。」我舉了許多類似的例子讓她瞭解，孩子的興趣是如何被抹滅的。然後回到原點，提醒她，跳舞原本是她的興趣，而現在的堅持，大家都必須尊重，但權衡得失之間是自己的事情。

談完一席話，女孩選擇了將剩餘的學業完成，也會盡力將畢業公演的角色扮演好，但書是，結束後一輩子不再跳舞。畢業公演時，我坐在台下看她賣力的演出，那舞跳得真好。表演結束後，她下台抱著我，說：「謝謝你。讓我知道自己對舞蹈有興趣，但被迫的漫長學習，讓我忘了，跳舞原來是自己的興趣。」她臉上的汗與淚，讓人心疼。

許多的興趣來自於培養，如何養出對不熟悉的事物有興趣，是教導者必須要審慎思考的問題。而有了興趣後的繼續深入研究，必須建立在主動學習上，許多冗長無趣的反覆練習，是毀壞興趣的元凶。興趣是因為有趣，當一切變得不再有趣時，就需要堅強的意志力強迫學習才能繼續。要培養孩子的興趣，首要條件就是必須「有趣」。這「趣」的國字，很有意思，「趣」是「走取。取走」，是具有動作的事情。大家常誤認為好玩的就是有趣的，其實差別就在於，好玩只是短暫的開心。

我常常提醒老師們，教育，是為孩子埋下興趣的種子，讓他在人生的路上，一路漸漸地開花結果，這活到老願意學習到老的興趣，才是教育的目的。我們幼兒園直升一年級的謙謙，剛開始學注音符號的時候，開心極了，對於組合起來變幻莫測的發音超級有興趣，連走路時間都念念有詞的練習拼音。我問他在做什麼呢？他對我靦腆的笑了笑，然後繼續沉浸在他的拼音組合遊戲裡。我相信，當孩子有興趣的時候，學什麼都不會是困難，當學習變成主動，沒有教不會的學生，沒有學不會的課程。

諾瓦幼兒園裡的兩姐弟，課程主題都進入魚菜共生的階段。四歲的弟弟問六歲的姊姊：「你知道什麼是魚菜共生嗎？」姊姊說：「知道呀，就是魚幫水，水幫魚。」弟弟說：「你知道那個虹吸原理嗎？」姊姊為了解答，拿出紙筆，開始一邊畫著，一邊講解著，「這是虹吸管，水從這裡慢慢進來，然後等到水滿了，就一口氣流下去了。」我聽著姊姊鉅細靡遺地解說，我知道，六歲的她，完全瞭解魚菜共生的裝置和原理了。

孩子有興趣的事情，就像一株初生的小幼苗，這時「如何教」就是最重要的關鍵點了。我國中的歷史老師，說起歷史好像在說故事一樣，每一堂課結束後，都期待下回分解。以當時自己總是無法專心上課的狀況看來，那老師確實埋下我日後愛上歷史的興趣。我的書架上一整排的歷史書，每次讀起，就會想起那位老師的厚唇和及肩的黑髮，活靈活現的在說著盧溝橋事變和日軍失蹤一名士兵的藉口。這不需要看書就能夠記得半輩子的歷史，全然是因為老師將歷史融會貫通後，用生動的故事，揭開了我的興趣。

興趣，是我們飄蕩在時間的河流上，用來豐富人生的槳，它能幫助我們，邁向成功之路。

興趣是在主動的態度上培養出來的。

不會做事。不會懂事。

「不會做事。不會懂事」，我總是如是說。

對於「諄諄訓誨」的教育，我總覺得缺少了什麼，在沒有深刻體會時，多說無益。正如「不經一事，不長一智」，在經歷的事件中能夠增長智慧，是因為親身體驗了一切。「知道、做到、悟到、得到」，事情在經歷了這四個階段後，才能夠有所體悟，才能真正內化成自己的智慧。而「諄諄訓誨」的教育讓人僅僅停留在「知道」的階段，讓許多道理終究變成了一個毫無意義的口號。

為了破除諄諄訓誨的教育模式，在諾瓦小學裡，常常都有求才的公報出刊，上面刊出許多孩子可以應徵的工作。每一項工作都如出社會應徵工作般，設定條件和工作薪資等資訊。孩子在收到公報以後，開始認真地研讀設定條件，開始審視自己。「認識自己」是邁向人生最重要的基礎。自己是否笑容可掬？是否認真負責？是否有能力完成一切？

歷年來的工作機會非常多，曾經有諾瓦十五年回顧活動的解說員，應徵者必需要能詳述學校十五年來的發展，還有人、物的介紹。許多想要應徵的孩子開始訪問學校資深的老師，整理訪問紀錄、並開始仔細地研究這十五年累積的一切相關資料和留存的物品。在準備應徵的過程裡，他們已經開始學習，如何增加自己成功的條件了。

在他們備齊了自己的履歷後，開始資料審查的階段。學校老師負責評審應徵者的資料審查、面談，錄取名額並不會因為報名者眾或年紀較小而放寬。在應徵的過程中，孩子學會了如何在面談時，將對於自我的瞭解，落落大方地侃侃而談，清楚詳實地呈現自己的能力，為自己爭取到想要的機會。利用這樣的機會教育，讓孩子認識自己的特質、認識自己的能力、認識自己的想要。

曾經有一個工作項目是針對低年級的孩子設定的，需要條件是笑容可掬、認真負責。有一個一年級的孩子回到家洗好澡後，在鏡子前不斷地笑著，媽媽問他說：「你今晚為何一直笑呢？」孩子問說：「媽媽，你覺得我的笑，是笑容可掬嗎？」他拿出諾瓦公報，指著需要笑容可掬的求職欄說：「我想要應徵這份工作。」

孩子們終於等到了面試的時間，每個人都穿戴整齊地帶著自己準備面試的資料，他們認真、謹慎、全神貫注的安靜等待輪到自己面談的那一刻。許多孩子在面談前描述著他們緊張的心情，還有他們的事前準備，也期待自己能控制住緊張的情緒從容面對。在過程中的每一個細節中，孩子體驗到的是父母當初求職的經過，在家裡和父母討論著「如何增加自己的能力，才能獲得想要的工作機會」。每一個步驟，每一個細節，都得靠自己的努力而不是周遭人的寬容。

當公布錄取名單時，幾家歡樂幾家愁，拿到錄取通知書的孩子開心的分享著自己的幸運、自己在準備求職過程的方法。沒有被錄取的孩子認真地聽著，思考自己沒被錄取的原因。成功者的經驗讓失敗者再一次檢視自己的不足，等待下一次的機會來臨。孩子們知道經過修正後，將更能掌握時機，這是諄諄訓誨的教育裡無法給予孩子的真實體驗。

當得到工作的機會後，每一個工讀生也在過程中被考驗著自己完成事情的能力。工作時是否符合服裝儀容的規定？是否遵守工作的時間？是否表現得認真負責？是否能滿足工作要求的每一個細節？當孩子有遲到、服裝儀容不整，或其他項目未能完成，一樣的會被扣薪資和記錄，這些不良的記錄將隨著下一次的求職而成為被考慮的因素。若是表現的可圈可點，將同樣的被記錄，提高了下一次求職的順利機會。

「不會做事。不會懂事」，一次的求職經驗，讓孩子得到許多寶貴的經驗，在過程中所有心情的起伏，在面對成功或失敗裡，找到自己做事情該有的態度。從準備資料、面試、到工作經驗的累積和完成後的省思和檢討，將是他們踏出社會前最好的練習。在屢次的練習中，他們已經完全能體悟「知道、做到、悟到、得到」四個邁向智慧的階段。在這求職和工作的過程中，已經完美的達成教育最終的目的，他們懂得了待人接物、應對進退和認真、負責，所以說「不會做事。不會懂事」。

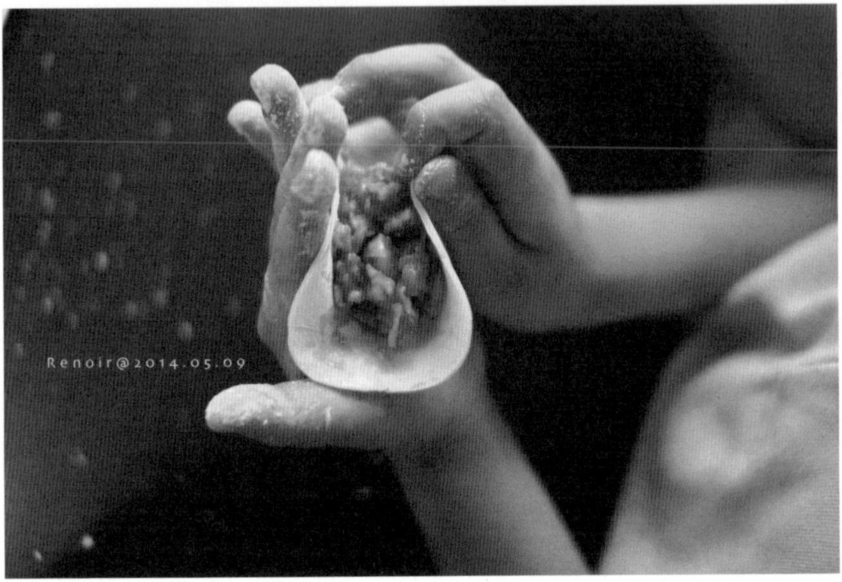

多做事才能由知道、做到、悟到，
完成階段性的歷程直到最後的「得到」。

研究精神

蜘蛛結網。蜘蛛有八隻腳、蜘蛛會結網是常識，但許多人都不知道蜘蛛的八隻腳如何分配結網的工作。醬油是我們生活中幾乎不可缺的東西，除非出現了黑心產品的新聞，要不然大多數的人都不瞭解釀造的過程。智慧型手機盛行後，無論是吃飯睡覺都要先拍張照片放上臉書，但我們並不清楚「像素」的意思，也不瞭解存檔時，檔名的差異。在我們的生活中，有太多的習慣讓我們理所當然的，知其然不知其所以然的接受著。220和110的電壓差異在哪?電動牙刷和打蛋器的馬達是一樣的嗎?轉速是什麼?瓦斯既然能點火，為何瓦斯爐的火不會沿著瓦斯管延燒出去呢?

所有的問題都有一定的答案，上網搜尋一下就可以得知的知識，我們卻能一無所知的繼續生活著，只能想盡辦法賺多一點錢來滿足生活所需。東西壞了，扔了，只要買新的即可，生活可以不受干擾的回歸到正常軌道。印表機壞了，店員表示買一台新的較划算，於是，商品的計劃性淘汰被隱藏在這世界經濟的遊戲規則裡，一般人會選擇比較省時省力的方式買一台新的，然後想辦法多賺些錢吧。其實在這一切看似理所當然的運作模式裡，我們只要稍具些好奇和研究的精神，生活就會變得不一樣。

很多家電產品都會在可拆的地方貼上保固期，並且加入警告字樣，如果自行拆開，就失去保固和退換的權力。我對於貼條裡面的組裝零件很有興趣，但那警告字樣一直讓我不敢隨意的拆解。直到我開始宣告，請大家將不要的電器捐給我後，才給了我拆解的勇氣。

因為收集了許多家電產品，我開始將其零件一一的拆解，在過程中，我發現了許多類似的原理，於是開始練習修復。我上網或買書來研究關於馬達、電阻、電機原理、齒輪、好多的學習讓自己沉浸其中，這些研究，讓我的生活變得很不一樣。

除了基礎的修復能力外，還可以創造出滿足自己需求的物品。就像電動打蛋器、爆米花機、掛燈、電動烤肉機、烤箱熱管切瓶器……。這些研究，讓我的生活變得很有樂趣。

有時候我在組裝時，會遇上不懂「電壓」的問題而出現阻礙，插上電後一陣火花和白煙，我又興起了拜師學藝的念頭。一個興趣引發我的研究精神後，才發覺自己對於許多專業的知識毫無概念，就這樣一個接一個的研究和學習，在我的生活中蔓延開來。電學、磁力、重力、熱能、從斯特林蒸汽機到火箭爐、從水力發電磁力發電、從瞭解燈泡的鎢絲到計劃性淘汰的經濟遊戲，我終於知道了修復的價格為何比買新的還要貴。

當這些研究成了我生活中樂趣時，興趣如滾雪球般的越來越大、越來越多。我知道電流就像水管裡的水一樣，電壓就是我們手指頭捏起水管時，水沖出的力道。電阻呢？就是水管被捏住的範圍。當這些專業的名詞變得平易近人時，關於電學的研究就更順暢了。我的知識背景因為研究而不斷擴大，有越來越多的能力和方法去解決生活中遇到的難題，當然，花錢添購的機會少了，同時也不需要為滿足生活所需而汲汲營營了。

研究是一種想要探究的精神，如果能有一探究竟的好奇心，生活周遭充滿了各式各樣可研究的事物。研究的精神帶來的生活樂趣，是有錢難買的快樂和滿足，當知識背景越來越豐富時，變通能力也會相對的增加，困難自然迎刃而解。

我有興趣研究領域不斷地擴大，自製或組裝的能力也不斷的增加，當收集的零件越來越多，創新的組合方式也有更多變化。所以我總想盡辦法在生活裡找出空檔時間，完成自己設計的新產品。我會用磁鐵相斥的原理使小型風扇轉動，產生電流後讓燈泡發亮。我像魔術師一樣不斷完成這種小小的組裝，在不同的組裝裡找到驚喜和成就感，生活的幸福指數也不斷地攀升。

我的研究遊戲室裡，堆滿收集來的生活物品，烤箱、廚餘機、電鍋、熱水瓶、電扇、音響、相機、印表機……。每當我心情低落時，我就會讓自己在雜亂的工作桌前，專注的拆解、組裝、畫設計圖。每當發明一樣新的產品時，低落的情緒立刻得到療癒。原來，研究精神才是人生當中最不可缺少的一種態度。

研究是將未知變成已知，將問題變成答案的方法。

換一個高度。看待一切。

我看到諾瓦老師的紀錄上這樣寫著：

「這最後一趟的黃金傳奇之旅，小孩帶著收集瓶、溫度濕度計、酸鹼試紙，前往下切七百公尺深的溪谷，檢驗雪山山脈下被封存的地熱如何析出地底的礦物質。諾瓦的小孩，可以攀高、可以探低。眼界與態度 是這樣養成的。」我想著高度與眼界，應該是人生在時間的河流中，飄蕩前進時，決定是否擁有豐富人生最重要的關鍵。

在〈看見台灣〉的影片中，看見一群熱愛台灣的人，在天上拍攝，讓我們重新認識這山和海擁抱的島嶼，我們安身立命的地方。換一個高度，能讓我們看得更清楚，在這裡一切的美好和傷痛。在教育工作的生涯裡，我一直牢牢記得在電影〈春風化雨〉中，老師讓孩子站在桌上重新審視著教室裡的一切。他說：「換一個高度，一切的視野都將不同。」換一個高度，盡收眼底的不同，都將是生命中的感動。

在遠處可以體會渺小、在高處可以體會卑微、在改變位置時，可以發現不同的視野和角度，在居高臨下時，可以回頭看見來時路的辛苦和努力。換一個高度，換一個視野、換個態度，可以遠離原來的位置，看得更清楚、擁有更寬廣的不同感受。常常，人們會因為日復一日的生活循環而受限在越來越窄的狹隘裡動彈不得，無論是思考或是心態的角度。換一個態度、換一個高度，看清自己、看清彼此、看清世界。換一個態度、換一個高度，善待自己、善待彼此、善待這世界。

前些日子，有許多事情讓人焦慮不堪，我開車往山上去，一個多小時的車程，帶我遠離了混亂不清的現實，山上開闊的視野讓人頓感輕鬆。濃厚的雲海在山谷間翻攪，山背上的陽光，光芒四射，冷冽的空氣中有一種清新的感覺。我欣賞著大自然的美景，然後遠遠地，想著混亂不清的事情。心的距離拉遠了，視野不同時，這一切的混亂不清，終於讓我看清楚了頭緒，終於跳出了糾結，有了重新面對的勇氣。堅持一個位置、堅持一個角度，總會失去了擁有其他面向的機會。我發現「應該」是一種無形的殺手。「應該」是一個堅持僵固的態度。我在筆記簿上寫著：

當一切變成應該的時候
幸福會不見
珍惜會不見
想念會不見
當一切變成應該的時候
感謝不見了
開心不見了
尊重不見了
當一切變成應該的時候
許多的柔軟變成僵硬

許多的笑容變成眼淚
許多的驚喜變成罪惡
當一切變成應該的時候
我們會對於美麗的早晨視而不見
我們會對於迷人的星空視而不見
我們會對一切視而不見
當一切變成應該的時候
生命將成一灘死水
那樣的靜止
是一種絕望

跳出「應該」有的角度、高度，會產生概括的寬容和氣度，生命也將開始有不同的視野和收穫。每個人在社會中、家庭中都有固定的角色，也受限在角色固定的「應該」裡，再加上原有的慣性思維，許多事情都無法跳出框架。短短一個小時的車程中，換了一個高度、換了角度，許多困難糾葛的事情，都變得雲淡風輕，思考變得寬廣了，許多事情也都迎刃而解。當孩子有能力攀高、探低，用不同的高度和角度去探索同一件事情時，才能發現不同的世界，才有能力以不同的思維來面對人生。

所有事情都是一體多面，換一個高度，會有不同的領悟。

重新來過

很長一段時間，有人問我的英文名字，我都回說：「eraser」。沒有理由的，我愛上它的發音。聽到的人，都會尷尬地笑一笑，然後攤開雙手說：「ok。」「eraser」是橡皮擦，在許多人尷尬的笑容中，我開始思索著除了沒有理由的愛上發音以外，我為自己取了這個名號是不是有其他的理由？

小時候上學，我最大的消耗品，除了被我扔進糞坑再也不想看見的作業簿之外，就是橡皮擦了。我喜歡用橡皮擦將所有歪七扭八的字變不見，所有會被老師畫上鴨子的字，在橡皮擦的來回忙碌中消失，會有一種回歸到最初單純的快樂。常常，我沉浸在橡皮擦與作業簿的摩擦裡，直到作業簿出現了一個洞。

大人們似乎對於作業簿上的洞很介意，總是叮嚀我不要太用力使用橡皮擦，但我卻很在意那些歪七扭八的線條還留著痕跡，我寧願看見作業簿的損毀，也堅持要消滅那些黑痕。所以，我的作業簿上，常常僅剩下老師的紅筆痕跡，卻找不出寫過的蛛絲馬跡。最後，在大人們的強力制止之下，我開始將作業簿拋進糞坑，丟棄那樣的不完美，遠離那樣的無法挽回。

Eraser。橡皮擦。是我在人生當中第一個認識的，可以幫助悔改卻不需要付出代價的東西。它可以讓過黑的鉛筆痕跡消失，它可以讓我不需要再面對無法排隊的文字還有錯誤的數學算式。只有它，才能不求回報的幫助我脫離無法面對的困境，幫助我消滅大人們所不喜歡的錯誤。原來，我在六、七歲時，就已經開始創造自己重新來過的機會。在認真思考一番後，我才明白了「eraser」除了絕美的發音外，對我也意義非凡。

當我無法抗拒橡皮擦能夠重新來過的問題越來越嚴重時，終於，我被限制使用橡皮擦。我的所有錯誤，只好靠換頁來達成。有一回，好不容易抄完了十題數學題目，努力的寫完算式後，老師在我的簿子上畫了誇張的八個紅色大叉，在失去橡皮擦的當時，我跳過所有的紅色叉叉、翻頁，純淨的格子重新出現。一般孩子寧願修改算式也不願意重新抄題目，我卻總是堅持「重新來過」。

長大以後，「重新來過」的信念，讓自己常常親手毀壞了不夠完美的事情。我無法在佈滿灰燼的廢墟上重建，卻能夠從無到有的成就自己的構思。當許多人在感嘆著發現的錯誤或覺得可惜時，我已經迅速的放棄先前投入的一切，檢討後，重新來過。我一直認為與其花費時間後悔，還不如著眼當前、重新來過。

要求完美，是重新來過最主要的動機。我在年輕時迷戀起紙雕，細緻的圖案和古典的美，讓我耐心地一刀一刀劃過，尖銳的刀鋒在細小的空白中遊走，複雜的圖形是高難度的挑戰。有一回，在我專注了幾個小時後，突然一個閃神，刀鋒越過了界限，即將完成的作品，就斷在那零點一公分的線條上。我在感嘆一聲後，隨手將努力多時的作品扔進垃圾桶。隨即找出一樣的圖案，重新來過。

許多人勸我不要在意那一點點的誤差、不要罣礙那一點點的錯誤、不要白費了先前的努力。我想著，人生的堆疊就像蓋房子一樣，從一塊磚開始，兩塊磚、三塊磚、十塊磚……。如果在堆疊時忽略了小小的誤差，一定會影響整面牆的平整性。些許誤差的堆疊在牆的面積越來越大時，會更明顯地發現累積的錯誤。此時，該在意先前的努力還是考量最後的結果呢？

如果，能在發現錯誤時隨即擦去；如果，能在第一次誤差時就重新來過；這樣的累積，才不會有扭曲的結果。人生隨著時間不斷的前移，隨著經歷不斷的累積結果。如果沒有橡皮擦、沒有堅持完美的重新來過，人生的累積會如同粗略草率的磚塊堆疊，要想擁有一棟美麗的房子，應該是異想天開的一場白日夢。

「eraser」，當我再次告訴別人，我的英文名字是「eraser」時，我知道除了它迷人的發音外，它還能讓我擁有悔改誤差的堆疊人生。隨時的修正，放下自己錯誤的努力，是我最有價值的堅持。如今，我終於因為不斷的修正而累積了些許的人生智慧，有了隨心所欲不踰矩和不貳過的自我規範。所以，在年過半百後，我為自己取了新的名字，叫做「As.Moxi」。我將帶著亞斯・摩西的堅持和勇氣，繼續走完未來的人生。

人生無法重新來過，重新來過的機會藏在錯誤的事件裡。

嘗試。改變。

嘗試。改變。我喜歡「勇於嘗試」、「勇於改變」。

在零件倉庫裡，我總喜歡嘗試不同的零件組合。有時候新組合好的電器，我興奮地插上電，「啪」的一聲，在火光一閃之後的黑煙裡，腦海裡就會浮現科學家實驗爆炸後的煙薰黑臉和捲捲頭的畫面。我總是自己傻笑著、開心著。然後，就重新來過吧！我想。

我總愛嘗試不同的事情，許多錯誤的嘗試，讓我得以有修正的機會。改變原來的做法或認知，經驗累積後，錯誤漸漸減少，正確的機率提高後，判斷的能力也增加了。這樣嘗試錯誤的經驗，也讓失敗變得不再可怕，我總想著……最壞也不過如此了，還有什麼需要擔心的呢？結果一定是越來越好，不是嗎？

當這樣坦然面對錯誤或接受失敗的想法，讓我一點兒也不在意旁人的眼光甚至嘲弄、質疑，我甚至愛上了瘋狂科學家的錯誤爆炸，那每一次的煙薰黑臉和捲捲頭，都是失敗時的開心、是嘗試錯誤後的學習機會。這一切的發生，是一種排除錯誤的做法，因為，我們每個人都不可能懂得一切，沒有嘗試、沒有錯誤，又如何有改變和學習的機會呢？

許多的嘗試，會在害怕之前就失去了勇氣，因為害怕失敗、害怕錯誤發生、害怕想像的後果、害怕不可收拾。如果換了角度看待，錯誤的結果是累積的經驗時，依照經驗判斷是否去嘗試，嘗試過後就愈來愈多經驗，判斷也就愈來愈準確。但是，因為後果而不敢去嘗試，經驗就愈少，判斷力自然就愈差愈遠。更何況，嘗試不見得一定錯誤或失敗，那嘗試後的成功，所有的興奮和滿足，都會令自己訝異和驚喜，那是一種自我成就。無論結果如何，失敗和成功已是必然結果之一，害怕的心態就顯得多餘了。所以，嘗試和改變，不需要勇氣、不需要契機、不需要努力，需要的是「願意開始」的單純信念。

有一回，我和朋友跟團到了德國法蘭克福，團長說，明天一早的火車，是最新、最快、最準時的車。我們第二天準時站在約定好的月台上，有車停駐卻不見團員，我們觀察了一會兒，正覺得車不夠新的那一瞬間，車走了。經過電話聯繫，確定我們的團員都上了那一台不太新的火車。這對於第一次到德國的我們來說，確實嚇了一跳。當詢問後才知道，要追上他們已經是下午了，為了不想浪費一整天的時間，我們決定開始兩人異國的探險之旅。一時的轉念，卻鋪陳了我們後來的所有旅遊方式。從此，無論是任何型態的參訪或旅行，我們都未曾跟過團。

因為不再是被安排的行程，接下來的所有日子，我們都變成了自由行。搭車、餐點、購物、觀光……最後，我們嘗試著每晚自己搭車回到晚上住宿的飯店，這樣的旅程中充滿了新奇與刺激。一時的轉念、稍許的改變、全新的嘗試，讓我們擁有帶領全校教師一起自由行的能力和勇氣。

嘗試、改變。這樣的生活態度讓我每天都期待著驚喜。我從「願意開始」到「期待開始」，每天都有許多事情讓我躍躍欲試。當日子變得精彩，生活變得快樂，幸福的感覺是自然累積而來的。現在。我將對「期待開始」的被動等待，變成主動的「創造開始」，嘗試著在許多的事情裡放進更多的變項，創造更多嘗試和改變的機會。

我在全校教師希臘行時，打破了一行人一起行動的往例，以分組的方式遊歷希臘。每組人員負責自己訂機票、訂食宿、租車、探險計劃……，然後以定時定點的方式集合。在這樣的嘗試和改變過程裡，無論最初是否有勇氣嘗試，但大家都因為此次的探險行動而驚訝著自己的創舉。這樣的歷程，也在他們的人生裡，開啟了嘗試的勇氣。

嘗試。改變。是機會、是開啟快樂泉源的鑰匙，當「願意開始」變成了生活的習慣。那麼，幸福自然可期。

嘗試。改變。是重啟幸福的必要作為。

情緒。內心。

人的一生，會遇到許多的挫折和困難，親人離世、感情破裂、工作不順、疾病、災難等。在生命面臨威脅時，我們該依何而生存呢？在野外生存需要裝備、訓練與經驗，但在過去的經驗中顯示，在緊要關頭時，這些東西有其助益，卻並非決定性的關鍵。人的一生無論是面臨內心的衝擊或外在環境的挑戰，真正決定生死的是「內心、情緒」。人生所有的經歷對於情緒來說，是不斷學習的機會，而最後的學習機會是在面臨死亡前的那一刻。

情緒屬於本能的自我保護反應，運作方式會隨著人生的經歷而進化，也會引發身體一連串的變化。壓力源來自於緊張、恐懼等情緒，處於壓力狀態下的人，常常會過度關注自認為關鍵的事情，但卻沒有把握自己的判斷是否正確，當壓力產生時，血液會分泌可松體入侵大腦海馬區，所以在長期的壓力下，會殺死腦內海馬區的神經細胞，而且會削弱人類的感知能力。當感知能力被削弱後，會對於周遭的一切視而不見、聽而不聞，接收不到環境中散發的訊息。情緒的波動是一種自然的現象，就像潮起潮落、心電圖、山和谷的起落一樣。情緒波動密集或起伏落差過大，都會讓人產生難受的感覺。

大多數的人對於未經歷過的事情都會產生焦慮或恐懼不安的情緒。諾瓦五年級的孩子這一趟登雪山，遇見了從未遇過的氣候，山上下了雪，白茫茫的一片讓人興奮。他們在筆記上寫著：「為了這次旅行，我們做了很多準備，像購買登山裝備、認識高山動植物、野菜、求生方法、急救方法，以及傷口處理……一切已就緒，我們信心滿滿，真希望能快點到雪山。」

但在這樣溼冷的高山上，興奮的情緒沒多久就被大雪覆蓋，手套、鞋襪都濕了，冷冽的空氣裡還夾雜著雪和雨，有些孩子邊走邊擦著眼淚。大家互相鼓勵著、思考著，該如何度過難關？孩子在事後回憶時寫下當時的情緒：「東峰……這裡視野極佳，可以直接眺望山崖，對面山頂上還鋪了一層白茫茫的雪，再加上有一道色彩鮮艷的彩虹，出現在我們眼前，好美麗呀！」

「天氣非常的冷……走了一公里後，進入了黑森林，空氣很潮濕，一路上都可以看到雪，寒冷的天氣讓我提不起精神，雨水一直打在身上，很不舒服，但我們還是堅持的繼續走下去，路很滑，我滑倒了好幾次，常常要大跨步將腳跨過又高又粗的樹根，手冰到不行卻還是要扶著……雪地比樹根更滑，大概每五步就會打滑，走在上面很不容易……走了一個多小時才出黑森林……接下來一整片鋪滿雪的路，一直延伸到山頂，天氣還是依然寒冷，冷到一邊走一邊哭，最後終於到圈谷，天氣冷到讓人發抖……在我們正前方的這個是二號冰斗，下雪時，變得特別美麗，就像打翻了的牛奶……」

「繼續向雪山主峰前進，最後的一點一公里更更更不好走，積雪的厚度至少有十公分，意外的是：天上下了冰雹……打在皮膚上很不舒服。我們的手凍得連保溫瓶蓋都打不開……我什麼事都不想做，只想回到溫暖的家，好想趕快見到爸媽……

咬緊牙根繼續走，今天跟昨天完全不一樣，昨天走幾步就想休息，今天卻希望不要休息……經過幾個小時的煎熬後，終於抵達了山莊。」

在這樣惡劣的環境下，內心情緒不斷地湧現，經歷過的一切都是內心情緒的歷練。孩子們在雪山攻頂時，經歷了一場和內心對話的考驗。內心情緒會不斷進化的促使原因，不外乎是「痛苦的感受」，無論這痛苦是來自於外在的環境或內心。痛苦的感受能更促使人思考和改變。孩子在日記中寫著：「不管如何，我還是下山了。路上，我不再回頭，我只是在心中，默默飲泣。剛才一路上，我們的滑倒、在黑森林裡，攻頂小組將近失溫，我們一直走一直走……每個人心中想的，都是溫暖的家。」最後，孩子寫下了：「這次雖然沒攻頂，但也讓我學到了不是有努力就一定會成功，但是努力過就沒有遺憾了！雖然我們這次沒完成挑戰，但這讓我心中留下一個永難忘懷的回憶。」

內心情緒的印記在經歷中不斷地改變、不斷地增強後，能面對的痛苦指數也相對增強。「不經一事，不長一智」，生存能力強的人，一樣會面臨所有負面的情緒，也會感到所有的負面情緒，但不同的是，他們能夠在面對負面情緒中找出正面的意義繼續存活著，在所有惡劣條件的環境下，找出生存之道。內心情緒的進化，是每個人必修的人生課題，是人生重要的生存意義。

藏在裂痕中的傷痛，在歷經萬般紅塵劫後，
能成就猶若涼風輕拂面的態度。

動物保育區

最近去了一趟澳洲的布里斯班，順便逛逛動物保育區，想一睹有名的無尾熊風采。在保育區內有一群袋鼠、一群無尾熊和各式的鸚鵡。那天陽光灑灑，在袋鼠區的草原上許多袋鼠都躺在地上，不時的舔著自己的手。我小心翼翼地靠近牠們，才發現這些袋鼠根本毫不在意，一副了無生趣的樣子。我握著牠們的手、摸著牠們的頭，牠們毫無抗拒，我試圖讓牠們站起來跳一跳，但徒勞無功。牠們迷茫的眼神讓我好疑惑。接著去無尾熊保育區，及腰的矮牆裡有許多尤加利樹，在樹上的無尾熊都閉著眼睛一動也不動。我觀察許久，發現保育區內的無尾熊是唯一沒有被關起來的動物。

逛完了動物保育區，發現無尾熊如果有意逃走是非常容易的事情，因為保育區根本沒有圍欄，但這幾十隻的無尾熊為何不逃走呢？牠們為何願意待在保育區裡這樣過完一生？出生在保育區的年輕無尾熊沒有逃走的念頭還可以理解，那來自於原始森林裡的無尾熊呢？牠們難道從未想過要回到自由的森林裡嗎？我想了許久，沒有解答。

回到台灣後，有一個學教育的學生，問我關於父母要求他一定要考進公立學校當老師的事情。學生說：「我的爸媽是公立學校的老師，所以他們希望我也能進公立學校。」我問他為何非進公立學校不可？他說：「爸媽認為公立的比較有保障。」這談話內容讓我想起年輕時，自己的父母也是如此期待著，期待我能夠在公立學校裡安穩地當個小學老師，因為那樣可以保障到退休時都有薪水可以領，到退休時還有退休金可以拿，即便是用一生的青春歲月去換得那「穩定」都很值得。當時年輕的我雖然前途未卜，但我無法想像自己能安於一個工作到老，無法接受自己的一生只有一個「穩定的工作」。

在青春正飛揚的年紀裡，在還未走進世界之時，或許看不見人生所為何來。若是加上前途未卜時，確實只能顧著眼前的安穩而無法想到世界之大。但用人生最美好的時光來換得一個穩定時，是不是該認真思考一番？真的值得嗎？這讓我想起動物保育區裡的動物。牠們的生活很有保障，不需要擔心食物來源，不需要擔心居住環境，屬於草原的袋鼠不再跳躍，毫無限制的無尾熊可以安穩地睡覺，但為何牠們看起來了無生趣呢？

而這一切眼前的「穩定」是否會隨著世界瞬息萬變的脈動而變化？是否會隨著個人的心智成熟或經歷而改變看法？年輕時努力得到的「一份穩定的工作」，是不是會隨著一成不變的歲月累積而變成雞肋，食之無味棄之可惜了呢？父母對孩子的期望，總是期待孩子未來的生命更寬廣，能與這世界互動。但在邁入社會的前夕，卻又希望將其一生塞進一個不會變動的工作裡，這樣的做法是否與自己的想要互相違背了呢？

我想起在布里斯班的小徑上，遇見野生的袋鼠正在過馬路，牠們炯炯有神的注視和安靜的回頭觀察我的動靜。我很快地將車子熄火，拿起相機，但牠們早已沒入林間不見蹤影，靈巧的身手讓我驚呼。而保育區躺在地上的袋鼠，在保育員進入時站起來準備逃離皮膚病的治療，過胖的身軀讓牠們在跳躍的時候顯得笨拙。同樣的物種在不同的環境下生活，在時間和習慣的累積下，便可以展現出明顯的差異性。野生袋鼠因為存活需求而強化了所有的能力，保育區的袋鼠因為得到安穩的生活而漸漸退化，甚至連天賦的跳躍本能都不再靈活。

從動物的身上看見人類選擇的生存方式，我很慶幸自己當年有機會進入公立學校而選擇放棄，因為人生最美好的精華歲月，我解開了自己的疑惑，成就了自己的夢想。回想當時面臨選擇時，我唯一的遺憾就是當時浪費了許多時間躊躇、舉棋不定。因為眼前的「茫茫未來」和當時的「穩定」相較之下，確實需要勇氣與遠見，才能懂得「野生」和「保育區」的差別。我很慶幸自己一直害怕了無生趣的「穩定」而做了人生正確的關鍵決定。

總在有阻礙的地方，才有激起的水波，
總在有深度的停留後，才有浩浩湯湯的巨流。

愛護地球。珍惜資源。

回到家，開門、開燈、聽音樂、準備晚餐、洗澡、洗衣……。每天的生活流程裡，我們都習以為常的幾乎失去了感覺。直到有一天，燈不會亮了、門打不開了、水龍頭裡沒有水、洗衣機不會轉、瓦斯爐無法點火……只要任何一樣出了問題，都會讓我們覺得麻煩極了，而且面對突發狀況時，除了請專人修理以外，似乎別無他途。

有一次，母親打電話說家裡的烘衣機壞了，天雨衣服不會乾，很麻煩，而且叫修等了幾天都沒人來。我問了狀況，電源燈會亮、會有熱風，就是不會轉。我初步研判應該是馬達拉動滾筒的皮帶壞了。用簡單的工具拆開烘衣機，發現確實皮帶斷了，換上五金行買來百元的皮帶後解決了麻煩。

當我們將印表機送修，店員會說：「修理費，不如買一台新的。」床頭音響壞了，修理員說：「這個修起來不划算，還不如買一台新的。」電扇、電鍋、所有小型家電都在修起來不划算的說辭當中進了資源回收場。換一台新的，確實比較快，也省了許多麻煩。天冷，買個煤油爐；太熱，裝個冷氣……在便利的世界裡，所有的事情都變得容易和便利了。我們在過度依賴人類所創造的便利世界中，失去了原有的生存能力、失去了動動腦的機會。誰能想像突然沒水、沒電、沒瓦斯、沒有生活中慣用的一切、失去這些便利的時候，該如何生存呢？當失去的時候，是不是會回到最原始的方式，就地取材來生活呢？當我們沒有這些便利設備時，如何還能達到我們的生活所需呢？我經常思考這樣的問題。

寒冬中氣溫極低，我點起煤油爐時，二年級小孩問我：「這煤油爐是你做的嗎？」我說：「不是，是我買的。」小孩說：「為什麼你不自己做？」我說：「有時候時間不夠就會用買的。」這時小孩開始議論起為何要花錢買煤油爐的事情。然後，他們談到了現在的一般人會花錢買很多東西，也會丟掉很多東西，於是，這些被丟棄的東西就會被運到第三世界再利用，還談到了「計劃性淘汰」。

我們生活周遭所使用的許多家電，都在世界經濟運作的「計劃性淘汰」的計算中。許多的公司為了創造利潤，因此將原本設計與製造堅固的產品變成了在固定的使用年限內損壞，這樣才能淘汰換新，尤其是電子產品。這些由工廠每天大量製造在將來會成為垃圾的產品，對環境造成極大地破壞。這「計劃性淘汰」的構想和運作或許刺激了世界經濟脈動，但確實讓人類變得更麻木和無知。除此之外，我們還必須忙著賺取更多的錢，才能不斷地更換壽命不長的生活習慣產品。

在這樣的循環系統下，每個人都變成了忙碌的現代人，甚至必須犧牲睡眠、健康、家庭、休閒……等。當我們忙著賺取更多錢以應付習以為常的生活時，就像小老鼠踏上滾輪般的不由自主，生活變得單一無趣，只為了滿足生活所需。由於一般消費者對於產品本身的背景知識不足，所以造成了修理不如換新的心態，再加上喜新厭舊的消費習慣，讓許多人已經無法應變生活中突如其來的問題，面對許多簡單的事情也變得束手無策了。如果每個人都能在習以為常的生活裡，讓自己多些背景知識、多些思考、留意和動手解決問題的習慣，就可以停止存活在被設定的生活系統，逃離小老鼠的滾輪。也同時可以減緩地球上許多生態遭到污染、垃圾無法消滅的問題。

我常常收集許多被丟棄的家電用品，在其中找出損壞的原因修復它，無法找出損壞原因的就直接拆解成零件，將所有同類的零件分類置放，以備不時之需。同時，我也隨時研究許多常備知識，如電學、機械原理、馬達和其他所有相關的原理或替代方式。生活態度和方式改變後，面對生活上發生的小麻煩就都能迎刃而解。

我將這樣的生活態度融入諾瓦的教學課程裡，並設計了一個主題課程是「資源。回收。玩創意」。這樣的課程帶動了所有的師生和家長，所有不同年齡層的人都迷戀上這樣聰明過生活的方式。許多小家電重新拾回了再利用的機會，所有的零件也都在修繕中發揮最大的替代功用。除此，我們的收集更擴大到生活中不斷大量產出的所有廢棄資源的範圍。

這樣的生活態度讓附近垃圾場的堆積明顯減少了許多，在面臨生活用品的小麻煩時，大家的反應和思維也變得靈活。每天見面時，大家互相分享著自己的新發現或已修復完成、改造、創新的成果。小孩利用鐵鋁罐做成烤爐、利用煙囪效應製作成用五張報紙即可以將生米煮成熟飯的火箭爐、教室裡多了很多修復的電扇、音響，還有利用回收零件製成的魚菜共生系統。

當生活跳脫出習以為常的模式後，除了讓自己可以減少困擾外，也同時省下了許多維修或購買的經費，每天充滿了驚喜和成就感。除此之外，「愛護地球」的心念也真正的被落實了。

經濟是世界運轉的軸心，散落滿地的資源是一種罪惡。

光陰似箭

我想起小時候國語課本裡有一篇文章叫做〈光陰似箭〉，現在推敲起來，寫這篇文章的作者年紀應該不小了。因為年輕時，從來不曾有光陰似箭的感受，年過半百後才發覺，光陰確實似箭。驚嚇之餘，許多自己想要做的、能做的、該做的事情，都努力的在倏忽的時間中加快腳步，講求最高效率的完成。雖感嘆著流逝的時間一去不復返，也同時思考著在生命回到最初的原點時，還有什麼會讓自己感到遺憾的事情？所有的行事腳步隨著感嘆愈深而加速，才發現世界之大，有太多的事情值得自己努力的學習，有太多的想法需要時間去實踐。

當我感受到光陰確實似箭時，才驚覺時間管理的重要性。我想著生命當中有許多人、事、物佔去我們的時間，總該有個比重的先後順序。我在這未曾停歇的忙碌中，在想做、能做、該做的事情當中排列出自己最滿意的順序性，尤其是不斷的提醒自己，不要浪費生命在無意義的事情上面。

有一回去一所大學裡演講，眼看時間還早，就到學校的餐廳裡喝杯咖啡。旁邊三個打扮入時的女大學生毫無間斷的高談闊論，且不時因為激動而拍桌，旁邊的客人無法避免的被迫接受她們的言談內容，我安靜地聽著。在年輕人二十分鐘的言談裡，大部分都是關於她們如何裝扮自己青春的肉體，例如哪種假睫毛比較真實、穿哪個品牌的束褲會看起來較瘦，還有哪種鞋子會讓自己看起來更高。我在一旁觀察著這三個女孩，想著她們為何不去運動瘦身、長高？想著當她們年華老去時，會不會覺得自己浪費了青春最美好的時光？

有人的時間用在抱怨自己時運不濟，卻從沒想過用時間來思考如何增加自己的能力；有人的時間用在向全世界解釋自己，卻未曾用時間來瞭解自己；有人每天抱怨自己的工作了無生趣，卻沒檢視過自己是否曾努力投資自己。這樣的人滔滔不絕的用許多時間說著，在光陰似箭的生命中，究竟能為自己做些什麼呢？將時間浪費在情緒性的宣洩上，時間一分一秒地過去，生命一分一秒的流逝，而腳步卻停滯不前，追求美好人生的夢想，何時能實現？我總認為浪費生命在無濟於事的事情上，還不如用點時間讓自己享受片刻的美好。

當我真正體悟到光陰似箭時，我開始調整自己的作法來面對每天所遇到的事情，我在錯誤中檢討自己需要修正的地方而不抱怨。我在失敗中思考原因而不沉浸在失落裡。我將時間用在自己所愛的事物上，卻不願浪費時間與人周旋。我幫助能夠幫助的人，卻不願浪費時間勸說堅持固執的人。光陰似箭的體悟讓我懂得把握當下、懂得珍惜自己的時間做自己喜歡的事情，也在半百後的生命裡多了許多簡單的幸福。

有一次朋友的孩子正在組合玩具，但遇到困難時就放聲大哭，甚至將心愛的玩具摔出去。我跟小孩說：「哭一下沒關係，但你要想一下，哭得再久玩具也不會組合好，可以請大人幫忙，但摔出去就是你不想要了，我們還是把它送給其他小孩好了。」小孩淚眼婆娑的看著我想了想，乖乖地將玩具撿回去，安靜地坐在那兒直到組合完成。這是機會教育，在孩子小的時候就應該養成面對問題理性思考的態度，多些理性，少點情緒，就能多些時間完成想做的事情。

我在和別人談論事情或開會時，最怕遇到鋪陳過多的說話方式，瑣碎無用的內容佔去許多時間。我並不是忙碌到沒有時間，而是不願意浪費生命，所以總會提醒別人直說重點，無意義的客套話會佔用彼此的生命時間，這樣耗費的時間累積起來，絕對讓人吃驚。所以在光陰似箭的感受裡，我想盡辦法不讓自己或其他人耗費自己的光陰。時間，應該用在追求美好的事情上，而不是浪費在無意義的事情裡。

光陰，確實似箭。就連檢討錯誤的時候，我都會努力的分辨自己該負責的那一部分，而鮮少花費力氣去檢討別人的過失。我將時間用在如何讓自己更好，而不是將時間花在將錯誤指向別人來合理自己的錯。

老師說：「一寸光陰一寸金，有錢難買寸光陰。」這些隨著地球轉速而消逝的時間，我們永遠無法再找回來，鐘擺在來回擺盪之間，滴答聲不斷的提醒我們「光陰似箭」。

我想起高中老師在黑板上寫下的白色粉筆字「樹欲靜而風不止，子欲養而親不待」、「少壯不努力，老大徒傷悲」，這些粉筆字讓年少的我記憶深刻，而今，終於感受到那字裡行間的「光陰。似箭。」

在光速的年代裡，尋回慢活的能力。

領導者

以經濟為運轉軸心的世界裡，在競爭激烈的現代社會中，最被關注的就是如何培養領導和管理能力。領導者和管理者的差別在於：領導者是做對的事情。管理者是將事情做對。領導者是帶著團隊邁入正確的方向。管理者是在團隊中執行符合團隊規範的事情。

領導者做「對」的事情，是在堅持之前就必須確認的，而這個「對」的標準從何而來？是誰定義的呢？這讓我想起《聖經》裡「出埃及記」裡的摩西，帶著眾人一路逃亡，那前無去路、後有追兵的景象。電影出埃及記中，所有的追隨者毫無怨尤的跟著前進，在前面帶領的摩西一路判斷著方向，直到面對波濤洶湧的紅海時，前無去路。摩西仰躺時望著星空，心裡不禁起了質疑自己的聲音，「這樣做是對的嗎？」這一幕，讓我有深刻的感觸，這是作為領導者最大的挑戰。在《聖經》的描述中，當然有了完美的結局，而現實生活中，如何不負眾望，隨時都在考驗著領導者的先知先覺、判斷正確的能力。

領導者在迎面而來的挑戰中，必須有過人的膽識與勇氣，有解決困境的能力和沉著冷靜，更重要的是承擔一切責任的肩膀和氣度。正確的價值觀和強烈的道德感是領導者在選擇方向時最重要的指標。除此之外，還必須擁有決策能力和劍及履及的行動力、有強烈的企圖心和自省能力，當然，少不了的是領導者最應有的——魅力和說服力。

要成為一個好的領導者，最大的挑戰並非外在的壓力或困難，而在於自己的情緒，如何在情緒起伏之時還能理性的思考？楚漢相爭時，項羽在垓下因為兵疲馬困、糧食不足，正苦思無策之際，聽到四面楚歌響起，這來自家鄉的曲調，讓一個強悍的領導者頓時陷入悲傷的情緒裡。他在前無去路、後無退路之時，那悲傷的情緒讓他選擇自刎。若當時項羽能夠專注找出解決之道，或許今日的歷史必須改寫。所以，一個好的領導者，最重要的就是能在紊亂的情緒中，保持理性的思考和掌控情緒的能力，如同一個船長，沒有權力用自己的情緒來掌舵一樣。

創校時，有一回在我情緒低落時，我打電話給我的老師，氣餒的說著自己遇到的困難和沮喪的心情，總覺得自己已經再也沒有面對的勇氣和信心了。我的老師在電話那端和藹的笑著說：「我給你說個道理，你在學校領導著大家，就叫做領袖。為什麼叫做領袖呢？就是襯衫的領口和袖口，那是襯衫最容易髒的地方。領袖，也是面對一切困難的第一人。如果只是一點困難就想逃避，又怎能稱為領袖呢？更何況遇到困難是必然的事情呀！」在老師說完這個道理後，對於迎面而來的所有困難，我都努力解決，不再讓情緒上的波動影響了理性的思考。

領導者究竟是天生氣質抑或是後天培養的呢？許多研究至今還爭論不休的事。領導者的先天人格特質必然有其特殊之處，但後天養成的能力也不可缺少。一個成功的領導者背後，除先天的條件外，必然是來自家庭教育、學校教育、社會教育和自我教育相互加乘之後而產生的。我的母親在家庭教育中，很堅持我們必須養成

「出得了廳堂、入得了廚房」的本事。待人處事應有的應對進退、態度、能力，就在生活中的每一件事情上養成。家教，是人生不斷向前邁進時，最重要的基礎。而學校教育、社會教育，是家庭教育的修正、調合和補強劑，最後的自我教育才是持續進步的動力，所以，領導者的氣度和風範，來自於嚴謹自省能力，自省能力也是對人、事、物一種謙遜的態度而產生的。

作為一個領導者，最困難的事情莫過於在兩難之間做抉擇，在取捨間判斷。就像存在於戰爭中的典型故事一樣，在親情與大是大非的兩難間取捨，雖有必然承擔的壓力和面對的後果。自古有許多「忠孝難兩全」的故事，領導者的特質就是在困難中可以勇敢做決定。必須在仰不愧於天、俯不怍於地之間堅持，為追隨者擋去風雨，帶領追隨者走出一條寬廣的路。雖非易事，但確實為人生最有價值的事。

氣度衡量是領導者的指標。謀略是領導者的深思熟慮。

四、總結

凡事由真

真心、真情、真相、真實、真理，凡事由真。

無論這世界的假有多少，無論國王的權勢有多大，總有看見真相的小男孩說出真心話。「國王的新衣」故事停在真相大白，誰也不知道最後小男孩的下場是什麼？那一群不敢說出真相的人，他們一起默許著「假」，這是沉默的串謀者。

我們的社會裡，有著許多這樣的假，有許多沉默的串謀者，一起充耳不聞、視而不見。或許是沒有人知道指出真相的小男孩，他的下場是什麼？或許是周邊有人因為指出真相而禍從天降。在從眾心態的作祟下，造就了許多令人想不通的事情。

有一個母親跟我分享了孩子上國中時，當了學藝股長，孩子很痛苦。因為升學的壓力下，老師常常用非主學科的課程時間來上國、英、數的課。當老師上完數學後，學藝股長還是得寫「體育課」，因為督學會查。孩子生氣的說：「這根本是說謊。」大人無奈的說，只能這樣寫。要被迫寫下謊言，孩子掙扎很久，不知道該如何是好？他堅持的「真」，在所有人的勸誡下，只好一起當一個沉默的串謀者。每每遇到這樣的事情時，我都跟孩子說：「當你年紀越來越大時，你會遇到許多類似的事情。所以，要把這樣的事情記在腦海裡，等到有一天，你有能力去改變它。」

我記得有一次參加會議，前面的發言者都未針對議題，卻滔滔不絕的說著自己的理念與成就。當時的主席和列席的官員們也都安靜地聽著，但看得出來全場的無聊和「假」，假裝發言是切合議題的。大家靜默地玩著自己的手機、想著自己的事情，就是沒有人敢打斷發言者如江海般的滔滔不絕。

時間一分一秒地過去了，好不容易第一位終於結束，第二位發言者如出一轍的繼續。我雖無法忍耐這樣的「假」，但社會經驗告訴我，千萬別指出真相。因為在人際關係而言，很多人誤以為言不由衷是禮貌，失真是客氣。我用盡各種方式按捺住自己的過動，陪著大家一起共謀這場會議的必要性。終於，輪到我發言了。我拿起麥克風，還是無法克制的指出了真相，我看見大家面面相覷的表情，那是我熟悉的反應。我很慶幸自己一直有這無法克制指出真相的問題。

凡事由真。我最愛說的一句話就是「真心無敵」。無論是對人、對事，秉持最真實的心去追求真理、找出真相，再困難的事、再難解的結，也都會在真心之下有了最好的結果。那就是能撼動人心的感動。在我的經驗裡，每當我遇到國王新衣的場景時，我會揭開「假象」並且給予製造假象的人中肯的建議，也會鼓勵沉默的串謀者不需要再忍受虛假，勇敢的消滅這些浪費生命的串謀。

我參加一個社區的月例會，初次的開會共用去四個半小時，但所有的議題都議而不決。在討論時，我計算著虛偽恭維和假意客氣的發言時間，這些竟佔了三分之一的時間。擔心得罪，不敢直指問題核心的繞道發言，又佔去了三分之一。剩下的三分之一時間，是會議主持人，也就是沒穿衣服的國王自我陶醉的時間。我很在意這樣的會議，究竟會佔去我們多少寶貴的生命時間？答案是每個人四個小時又二十分鐘，如果乘上二十五人，我們總共浪費了將近五天的時間。

自己或許是因為亞斯的特質，實在是無法容忍假象，我常拆穿別人言不由衷的發言，對事情也毫不留情地直指核心，繞過虛偽的客套。我常懷疑著製造假象和虛偽客套的人，他們的存活目的是什麼？為什麼願意用這樣多的心思建立出一個「假」，而未曾思考「真」的踏實？

光陰似箭。生命時間應該放在追求更美好的事物上。我們常說的「真、善、美」，是一個進程，是凡事由「真」而後經由「善」才能達到「美」的境界。若不是從「真」為起點，其後所顯現的善與美，都是藏著「偽」或「虛」的表面，經不起任何考驗。當一切努力是為了存在的意義，當一切的存在是為了幸福快樂時，唯一的起點就是「凡事由真」。

信言不美，美言不信。凡事由真開始。

慈悲

在這本書的最後，我想和大家談談「慈悲」。如果說善良是一種本質，那麼慈悲就是一種智慧。慈與悲，兩個字各有其意，慈悲的意涵在於幫助人們遠離痛苦和帶來幸福快樂。

慈悲心。是每一個人必須用來裝所有能力的零件盒子。換句話說，若是所具備的能力只是為了自己拚下一方天地時，就會出現問題。大家應該還記得前些日子「黑心油」的事件，這事件背後的主使者應該具備了許多的能力，但缺少了慈悲心，所以才會用自己的能力做出傷害社會大眾的事情。

在世界脈動轉變快速的時代裡，每個人透過持續學習努力的讓自己擁有更多的能力。在汰弱留強的遊戲規則中，許多人無不絞盡腦汁的想辦法跑在前面。從無到有，擁有了還要更多，一生追求的是無止盡的欲念。若只有在疾速的競爭裡，兵不厭詐的專注於自己一方天地間的獵取，在冰冷的數字遊戲中滿足自己的成就感時，這世界將會失去了人類存在的意義。

《聖經》裡的出埃及記，摩西看到在埃及的子民受苦，決意要帶領大家離開那個受苦受難的地方，是慈悲心讓他以眾人的苦為苦，願意犧牲自己溫暖的家庭，離開愛他的妻子、孩子，帶著這些人離開苦難。拿破崙曾說過一句名言，「A leader is a dealer in hopes.」，那帶給人們希望的心和行動力，就是慈悲。若以「憐憫之心，人皆有之」為定論，那麼所有個人所擁有的能力，才能夠發揮到至大的功用，造福人群、利於社會。慈悲為懷的人，是隨時能替他人設想而不計較個人得失的人。慈悲與同情的差別在於「分別心」。慈悲不會因對象而異，同情有對象之分。能幫助萬物眾生「離苦得樂」，是一種偉大的情懷，也是慈悲為懷的人，生存的意義與使命。

在《三字經》的開頭：「人之初。性本善。性相近。習相遠。苟不教。性乃遷。」性善為初始，是教育和學習讓每個人的「善」有了差異。小孩在成長過程中，若是處於安全溫暖和充滿愛的環境裡，本性的善會隨著時間持續的增長。而這初始的「善」就好像一塊璞玉，未經雕琢不能成「器」，經過人生的試煉、有正向的學習後，才能產生智慧的「慈悲」。世界上，善良的人佔大多數，若要懷有慈悲心，這轉變的關鍵就在於自我的修習。老子《道德經》第八篇，「上善若水，水善利萬物而不爭，處眾人之所惡，故幾於道。居善地，心善淵、與善仁、言善信、正善治、事善能、動善時。夫唯不爭，故無尤。」這是建立在人性本善之後，自我修習的準則。

「上善」如慈悲，要像水一樣利萬物，而要能夠有利於萬物，就不能有「分別心」。除了利萬物之外，在態度上也要視付出為己任，不爭取、不邀功，不會因為身處眾人之惡而退卻。我知道要以時下年輕人的理解能力去明白古傳的智慧，確實是一件不容易的事情。但精簡的文字裡，卻藏有我們追尋一生的真諦。用心體會和感受後，就能發現那正是由「善」邁入「慈悲」的一條捷徑。

同時擁有慈悲心和能力的人，常是造福人類社會的重要角色。許多人在世界各個角落，努力的幫助別人「離苦得樂」。我曾經看到一則報導，有一個黑女人，他發現世界上許多人每天都愁眉苦臉不快樂，她認為自己的擁抱，可以安慰這些愁苦的人。於是她開始走向世界各地，用滿懷的關愛擁抱人群，許多人因此得到了心靈上的療癒。這則報導一直深深烙印在我的記憶裡，我也常常舉這例子說明，並非要練就一身強大的能力才能回饋於人，只要擁有慈悲心，善用自己所長，就能關懷這世界，這就是「事善能」的意涵。

「慈」是為人們帶來希望和幸福快樂。「悲」是替人們除卻痛苦。當我們在教育中用盡方法培養孩子各種能力時，必須要檢視的是，這些教育的方法或手段，是否同時培育了孩子本性中的善良？讓孩子有機會在未來的人生中，成為一個「慈悲為懷」的人。這樣的教育，才符合教育真理，才能為世界萬物帶來幸福快樂的希望，成就擁有能力的生存者，存活的最大意義。

善良是本質。慈悲是智慧。

圓滿

為了再來到這世界遊樂園
我們排隊向老天爺買票
票券上清楚記載著
這一趟旅程的一切
每一張票都因為心念累積而不同
每一張票都有資格限定
當手握住了那一張票後

老天爺為我們準備了一個工具盒
每個人的工具不同
我們稱之為天賦

來到這世界後
或許因為路途遙遠
我們已經忘了自己的天賦
握在手中的票根
早已無法辨識
我們看不見遊歷的時間
也忘了來到人間的目的

尋尋覓覓。覓覓尋尋。
當身邊最愛的人離開了。

我們。終於。發現。
這票。是有期限的。
這票。因人而異。
有人看出票根上寫著
積德再延
有人看出來
所有的愛恨情仇都是考驗
所有的事件都只是試煉
原來。這是一場生命的修行

我們用生命時間畫一個圓
圓心不變才能成就一個圓
那是我們的初心
我們用所有的考驗和試煉

塗滿這人生的圓
讓這個生命的圓，色彩繽紛
當票券截止日來臨時
才發現
這一場人生修行的目的是
畫下生命的圓
成就存在的滿
圓滿。
在終究了悟的那一刻
我們。回原點

〈結語〉

脫下盔甲的貓

我脫下厚重的盔甲
靈巧地跳上牆頭
眺望著遠遠的城市
城市裡灰濛濛的一片

我爬到相思樹上
看著鳥兒在天空飛翔

想著如果他們穿上盔甲
還能不能自由的飛
會不會像我穿上盔甲時
笨拙的無法跳上牆頭一樣

溪裡的魚輪流跳起來
終於有一條魚
張口吞掉了懸掛在水面上的蜘蛛
我終於相信
姜太公釣魚的故事是真的
就像國王真的沒有穿衣服一樣

我看著掛在牆上的盔甲
想著穿上盔甲的當時

我找不到存活的意義
現在。盔甲高高掛在牆上
我確定。那已是自己的曾經

我蹲在草叢裡
欣賞著鳥語花香的世界
蜜蜂忙著採蜜
蜘蛛忙著結網
這世界有趣極了
我慶幸著自己有脫下盔甲的勇氣

我爬到最高的地方
想要試試自己的膽量
我從最高的地方往下跳

想要知道自己的能耐
脫下盔甲後的自己
原來是身手矯健的勇士

脫下盔甲後
有人與我道別
有人緊緊擁抱
我不再害怕失去
因為
我有。我自己
脫下盔甲的。一隻貓。

國家圖書館出版品預行編目資料

穿上盔甲的貓：成功亞斯教育家教你如何打造孩子的生存力 / 蘇偉馨著. -- 初版. -- 臺北市：商周出版：家庭傳媒城邦分公司發行, 2015.05
面；　公分. -- (商周教育館；1)

ISBN 978-986-272-794-2(平裝)

1.親職教育　2.子女教育

528.2　　　　104006254

商周教育館 01

穿上盔甲的貓：成功亞斯教育家教你如何打造孩子的生存力

作　　者 / 蘇偉馨
插　　畫 / 張凱因
責任編輯 / 黃靖卉

版　　權 / 林心紅、翁靜如、吳亭儀
行銷業務 / 張媖茜、黃崇華
總 編 輯 / 黃靖卉
總 經 理 / 彭之琬
發 行 人 / 何飛鵬
法律顧問 / 台英國際商務法律事務所 羅明通律師
出　　版 / 商周出版
台北市 104 民生東路二段 141 號 9 樓
電話：(02) 25007008　傳眞：(02)25007759
E-mail：bwp.service@cite.com.tw
Blog：http://bwp25007008.pixnet.net/blog
發　　行 / 英屬蓋曼群島商家庭傳媒股份有限公司 城邦分公司
台北市中山區民生東路二段 141 號 2 樓
書虫客服服務專線：02-25007718；25007719
服務時間：週一至週五上午09:30-12:00；下午 13:30-17:00
24小時傳眞專線：02-25001990；25001991
劃撥帳號：19863813；戶名：書虫股份有限公司
讀者服務信箱：service@readingclub.com.tw
城邦讀書花園：www.cite.com.tw
香港發行所 / 城邦（香港）出版集團有限公司
香港灣仔駱克道 193 號東超商業中心 1 樓；E-mail：hkcite@biznetvigator.com
電話：(852) 25086231　傳眞：(852) 25789337
馬新發行所 / 城邦（馬新）出版集團 Cite (M) Sdn. Bhd.
41, Jalan Radin Anum, Bandar Baru Sri Petaling,
57000 Kuala Lumpur, Malaysia.
Tel: (603) 90578822　Fax: (603) 90576622　Email: cite@cite.com.my

封面設計 / 斐類設計工作室
排　　版 / 極翔企業有限公司
印　　刷 / 中原造像股份有限公司
總 經 銷 / 高見文化行銷股份有限公司
新北市樹林區佳園路二段 70-1 號
電話：(02)2668-9005　傳眞：(02)2668-9790　客服專線：0800-055-365

■ 2015 年 5 月 5 日初版一刷
■ 2015 年 5 月 15 日初版五刷
定價 250 元

Printed in Taiwan

城邦讀書花園
www.cite.com.tw

 ISBN 978-986-272-794-2

廣　告　回　函
北區郵政管理登記證
北臺字第000791號
郵資已付，免貼郵票

104　台北市民生東路二段141號2樓

英屬蓋曼群島商家庭傳媒股份有限公司城邦分公司　收

請沿虛線對摺，謝謝！

書號：BUE001　　書名：穿上盔甲的貓　　編碼：

請於此處用膠水黏貼

商周出版

讀者回函卡

感謝您購買我們出版的書籍！請費心填寫此回函卡，我們將不定期寄上城邦集團最新的出版訊息。

不定期好禮相贈！
立即加入：商周出版
Facebook 粉絲團

姓名：＿＿＿＿＿＿＿＿＿＿ 性別：☐男 ☐女

生日：西元＿＿＿＿年＿＿＿＿月＿＿＿＿日

地址：＿＿＿＿＿＿＿＿＿＿

聯絡電話：＿＿＿＿＿＿＿＿ 傳真：＿＿＿＿＿＿＿＿

E-mail ：

學歷：☐ 1. 小學 ☐ 2. 國中 ☐ 3. 高中 ☐ 4. 大學 ☐ 5. 研究所以上

職業：☐ 1. 學生 ☐ 2. 軍公教 ☐ 3. 服務 ☐ 4. 金融 ☐ 5. 製造 ☐ 6. 資訊
☐ 7. 傳播 ☐ 8. 自由業 ☐ 9. 農漁牧 ☐ 10. 家管 ☐ 11. 退休
☐ 12. 其他＿＿＿＿＿＿＿＿

您從何種方式得知本書消息？

☐ 1. 書店 ☐ 2. 網路 ☐ 3. 報紙 ☐ 4. 雜誌 ☐ 5. 廣播 ☐ 6. 電視
☐ 7. 親友推薦 ☐ 8. 其他＿＿＿＿＿＿＿＿

您通常以何種方式購書？

☐ 1. 書店 ☐ 2. 網路 ☐ 3. 傳真訂購 ☐ 4. 郵局劃撥 ☐ 5. 其他＿＿＿＿

您喜歡閱讀那些類別的書籍？

☐ 1. 財經商業 ☐ 2. 自然科學 ☐ 3. 歷史 ☐ 4. 法律 ☐ 5. 文學
☐ 6. 休閒旅遊 ☐ 7. 小說 ☐ 8. 人物傳記 ☐ 9. 生活、勵志 ☐ 10. 其他

對我們的建議：＿＿＿＿＿＿＿＿＿＿
＿＿＿＿＿＿＿＿＿＿
＿＿＿＿＿＿＿＿＿＿

請於此處用膠水黏貼